数字普惠金融、产业融合与产业结构优化升级问题研究

焦青霞　著

中国财经出版传媒集团
中国财政经济出版社

图书在版编目（CIP）数据

数字普惠金融、产业融合与产业结构优化升级问题研究／焦青霞著．--北京：中国财政经济出版社，2023．3

ISBN 978－7－5223－1906－3

Ⅰ．①数…　Ⅱ．①焦…　Ⅲ．①数字技术－应用－金融业－研究－中国②产业融合－研究－中国③产业结构优化－研究－中国　Ⅳ．①F832．1－39②F269．24

中国国家版本馆 CIP 数据核字（2023）第 021540 号

责任编辑：彭　波　　　责任印制：史大鹏
封面设计：卜建辰　　　责任校对：胡永立

数字普惠金融、产业融合与产业结构优化升级问题研究
SHUZI PUHUI JINRONG CHANYE RONGHE YU CHANYE JIEGOU YOUHUA SHENGJI WENTI YANJIU

中国财政经济出版社 出版

URL：http：//www.cfeph.cn
E－mail：cfeph@cfeph.cn

社址：北京市海淀区阜成路甲 28 号　邮政编码：100142
营销中心电话：010－88191522
天猫网店：中国财政经济出版社旗舰店
网址：https：//zgczjjcbs.tmall.com
北京财经印刷厂印刷　各地新华书店经销
成品尺寸：170mm×240mm　16 开　11 印张　169 000 字
2023 年 3 月第 1 版　2023 年 3 月北京第 1 次印刷
定价：68.00 元
ISBN 978－7－5223－1906－3
（图书出现印装问题，本社负责调换，电话：010－88190548）
本社质量投诉电话：010－88190744
打击盗版举报热线：010－88191661　QQ：2242791300

前　言

产业融合是产业经济发展的一种新趋势、新形态。它包括产业间的融合以及产业内部融合两种融合方式。产业间的融合是指跨产业的融合，产业内部的融合则指某产业内部各部门的产业交叉、渗透与重组。产业融合正广泛发生于国民经济生活中，其在优化资源配置、提高劳动要素质量、催生新型产业、促进传统产业转型升级、促进产业向高端化发展进而促进产业结构优化升级等方面发挥着重要的作用，是推动产业结构转型升级不可忽视的力量。

当前，我国结构性问题越来越突出，主要表现在第二产业疲弱、第三产业发展后劲不足、资源错配以及科研实力不足以支持科技产业快速发展等，产业结构转型升级成为目前我国亟待解决的问题。因此，遵循产业发展趋势，探讨产业融合对产业结构优化升级影响的机理、效果以及如何促进产业融合发展等一系列问题，具有一定的现实意义。

本书以产业融合发展的效应和数字普惠金融在产业融合发展的作用为研究对象，采用理论分析与实际分析相结合、定性分析与定量分析相结合、规范分析与实证分析相结合的方法对产业融合发展问题展开研究。研究内容总的来说可以分成两大部分。

第一部分是制造业与服务业融合问题，包括第一、第二、第三、第四章。制造业与服务业融合发展向消费者提供“制造+服务”一体化解决方案，一方面可以优化企业资源配置、降低生产成本，提高企业竞争力；另一方面还可以减少生产中能源、资源的消耗，减少对环境的污染。它不仅为产业结构转型升级提供了新的发展方向，而且还是推动产业结构转型升级的重要力量。因此，从制造业与服务业融合视角分析不同来源服务与不同类型制造业融合发展对产业结构转型升级的影响是否存在迥异？服务业发展、经济发展在两者关系中的作用如何？具有一定的现实意义。因此，该部分在对制造业与服务业融合发展水平测算的基础上，从制造业与服务业融合发展可以提高企业资源配置效率、促进科技创新和降低生产成本三个方面分析了产业融合发展对产业结构转型升级影响的机理，并从区域经济发展一体化的视角出发，基于事实特征和理论阐述分析了不同来源服务与不同类型制造业融合可能会对产业结构转型升级产生迥异影响，并考虑了区域经济发展水平和服务发展水平在两者关系中的调节效应，然后利用2007~2019年中国省级面板数据进行了实证研究，以期为相关部门在设计和实施发挥制造业与服务业融合促进产业结构转型升级策略方面提供一定的理论依据。

第二部分是农村产业融合发展问题，包括第五、第六、第七章。促进农村产业融合发展，是以习近平同志为核心的党中央面对新时代农村改革发展遇到的新问题作出的重大决策部署，是推动农业提质、农村兴旺、农民增收的重要手段，是“三农”工作的重心。因此研究如何利用金融手段有效支持农村产业融合发展具有战略性意义。为了更深层次地分析数字普惠金融对农村产业融合发展的作用机理和规律，使金融能够充分发挥出应有的作用，该部分首先从产业融合路径和融合效果两个方面构建农村产业融合发展指标体系，并利用熵值法对农村产业融合发展水平进行测算，同时还分析了数字普惠金融在农村产业融合发展中的贡献、存在的问题；接下来在产业融合发展理论、金融理论以及数字普惠金融促进农村产业融合发展理论的基础上，从数字普惠金融总体及其不同维度在产业融合发展中的贡献进行了实证研究，并对数字普惠金融在产业融合发展中的区域异质性进行了研究；最后对数字普惠金融促进农村产业融合发展的路径进行了分析与实证，以期为产业融合发展提供理论与实践支持。

本书的创新之处主要在于：

第一，从产业间（制造业与生产性服务业）融合的视角系统分析产业融合对产业结构优化影响的机理和效果。从事实特征出发分析不同类型制造业与不同来源服务业融合可能会对产业结构转型升级产生不同的影响，据此提出研究假说并进行实证检验。这弥补了以往文献忽略服务来源差异，笼统地分析制造业与服务业融合对产业结构转型升级影响的不足。

第二，从理论上分析了服务业发展水平、经济发展水平在制造业与服务业融合发展影响业结构转型升级中的调节作用，并用面板门槛模型进行验证。与以往采用分组或者核心变量与调节变量交叉相乘的方法相比，这种方法不仅能给出门槛值的估计，而且还可以对门槛值的真实性进行检验，这使研究的结论更加完善、可靠。

第三，对数字普惠金融通过科技创新推动产业融合的机理进行了梳理，并利用中介效应模型进行检验；考虑到数字普惠金融的本质，以数字普惠金融为门槛变量，运用面板门槛模型分析科技创新促进产业融合发展的调节效应。

目　录

| 第一章 |

制造业与服务业融合发展水平测算

第一节　引　　言

一、制造业与服务业融合内涵

制造业与服务业融合发展主要有三种途径：一是制造业服务化，也就是制造业融入更多现代服务业元素，它包括投入服务化和产出服务化两种。投入服务化是指在制造业生产过程中投入服务要素的嵌入程度；而产出服务化是指制造企业的运营方式由单纯提供物品或服务向提供“物品+服务”转变（Reiskin et al.，2010），随着这种转变，服务环节在制造业价值链中的作用越来越大，它是企业性质融合的一种新形态（刘维刚等，2018）。二是服务业向制造业拓展延伸，也就是以服务业为主体融入更多制造业元素，它包括服务型制造、以服务为主导的反向制造等。三是制造业和服务业双向深度融合，最终形成以平台企业为主导的新产业生态系统。这个过程包括制造和服务的战略与业务协同、跨界融合、业态与模式创新等，最终形成制造服务平台或者服务制造平台。本书中所说的制造业与服务业融合发展指的是制造业服务化中的投入服务化。

二、文献综述

（一）制造业服务化的内涵

制造业服务化概念最早由 Vandermerwe，Rada（1998）提出，他们认为所谓制造业服务化就是制造企业由仅提供物品或物品与附加服务向“物品 + 服务包”转变；Reiskin（2000）、徐振鑫等（2016）则将它定义为制造企业功能与制造产业形态动态转变的过程；Makower（2001）则认为制造业服务化就是制造企业不再转让产品的所有权，而是出售产品功能或服务；Szalavetz（2003）、刘继国等（2007）指出制造业服务化包含投入服务化和产出服务化两个层次；兆权（2011）、黄群慧（2015）、周大鹏（2013）进一步指出，制造业服务化的内涵是知识经济发展背景下服务业与制造业融合产生的制造企业深化加工、延伸价值链。

（二）制造业服务化测算方法

通过对已有文献的梳理发现，目前学术界测度制造业服务化水平的方法主要有以下四种。

（1）以制造企业中服务业务数量来衡量制造业服务化水平。例如，周艳春（2010）通过调查上市公司数据库中的服务业数量对制造企业的服务化水平进行了测度；Martin（2011）利用企业的服务从业人员数量、专业服务人员的数量以及技术人员所占的比例来衡量制造业服务化水平；陈丽娴、沈泓（2017）也利用这种方法对沪深两市的 A 股上市公司的服务化水平进行了测算。

（2）从产出视角测算制造业服务化水平。不少学者在衡量制造业服务化水平时用企业年报中的“营业外收入”或者“其他业务收入”来近似服务总收入，并利用服务收入与总收入的比值来衡量制造业的服务化水平。例如，黄群慧（2014）使用企业所提供的财务报表数据，对 1995 ~ 2009 年的全球制造业服务化水平进行了测算，结果显示，这些年全球制造业服务化都处在较低的水平，但稳中有升；横向来看，美国、日本等发达国家的制造业服务化水平都趋于稳定，但印度、巴西等国的服务化水平出现了下降。许立帆（2014）利用上市公司的年报数据，将年报中与服务收入类似的指标近似替代为服务收入，用服务业收入与营业总收入的比值来测度制造业服务化水平。与此类似，陈丽娴（2017）将制造业上市公司的营业收入分为服务收入以及非服务收入两个部分，然后用服务收入占总收入的比重来衡量该制造企业的服务化水平。同样，赵艳萍等（2020）以沪深 A 股上市的制造企业为研究样本，用服务收入在总收入中的占比作为衡量制造业服务化的发展水平。

（3）从投入视角测算制造业服务化水平。目前，投入产出法在设入服务化测算中的应用越来越广泛，一类是利用制造企业的直接消耗系数或完全消耗系数来对服务化水平进行测度（顾乃华、夏杰长，2010；彭水军、李虹静，2014；刘斌等，2016）。其中，直接消耗系数反映的是制造企业在生产过程中单位总产出所直接消耗的服务业的产品或服务的数量；完全消耗系数反映的是单位总产出所直接或间接消耗的服务产品或服务之和。与直接消耗系数相比，完全消耗系数更为全面。另一类采用依赖度指标来测度（Park，1994；刘继国、赵一婷，2016；杨玲，2019）。与消耗系数相比，依赖度指标可以反映出服务投入的相对重要性。还有一类是采用贸易增加值来系统测度制造业服务化水平（程大中，2015；戴翔，2016；刘伟林，2015；彭水军等，2017；吴永亮、王恕立，2018）。与生产消耗系数测度法相比，贸易增加值测算方法克服了数据重复计算的问题，但学术界在利用这种方法测算时主要测算了进口服务业制造化水平。

（三）文献评述

目前学术界关于制造业服务化的测算还没形成统一的标准，但纵观已有研究成果不难发现，在利用投入产出进行测算时测算方法主要有两大类：一类是采用直接消耗系数和完全消耗系数来测度，另一类采用依赖度指标来测度。但现有研究仍存在的不足之处为：学术界在对制造业服务化水平进行测算时，多是利用直接或完全消耗系数对制造业服务投入总体服务化水平进行测算，从不同服务来源视角利用依赖度指标对制造业服务化水平进行测算研究的目前尚显不足。

本书在服务来源异质视角下，采用依赖度指标对制造业投入服务化、区域内服务化和区域外服务化三种服务程度进行测算。与以往研究相比，本书的边际贡献可能为：第一，从不同角度对中国制造业服务化水平进行了测算，有助于对我国制造业服务化水平有一个清晰的认识；第二，与以往测算方法相比，这种方法更能突出服务投入在制造业中间投入中的相对重要性，并弥补了以往文献往往忽略服务来源结构，笼统地分析制造业服务化发展现状的不足，是对当前研究的一个完善与补充。

第二节 测算方法与行业划分

一、方法介绍

本节借鉴杨玲（2019）的研究思路，利用制造业对服务业的直接依赖度来测度制造业与服务业融合发展水平。具体计算如下：

首先计算制造业 j 中间投入中产业 i 占制造业总投入的比例，即：

$$a_{ij} = \frac{x_{ij}}{x_j} \tag{1.1}$$

其中，a_{ij}表示制造业 j 部门生产过程中对 i 部门的直接消耗，x_{ij}表示 j 部门生产中所消耗 i 部门产品数量，x_j 表示 j 部门的总投入。制造业 j 部门对服务业 k 部门的直接消耗可以表示为：

$$a_{kj} = \frac{x_{kj}}{x_j} \tag{1.2}$$

则制造业 j 对服务业 k 的依赖度为：

$$d_{kj} = \frac{a_{kj}}{\sum a_{ij}} \tag{1.3}$$

为了考虑服务来源的异质性，采用 Yang Ling 和 Hou（2015）的方法将投入产出表中间投入部分剥离为省内产出和省外进口两部分，则制造业对这两种不同来源服务的直接消耗系数分别为：

$$a_{kj}^{d} = \frac{x_{kj}^{d}}{x_j} \tag{1.4}$$

$$a_{kj}^{f} = \frac{x_{kj}^{f}}{x_j} \tag{1.5}$$

所以制造业对区域内服务业和区域外服务业的依赖度分别为：

$$d_{kj}^{d} = \frac{a_{kj}^{d}}{\sum a_{ij}} \tag{1.6}$$

$$d_{kj}^{f} = \frac{a_{kj}^{f}}{\sum a_{ij}} \tag{1.7}$$

二、行业划分及数据说明

这里重点考察的是制造业生产过程中生产服务要素的投入，所以主要采用2007年、2012年、2017年省际投入产出表研究制造业服务化问题，在具体研究之前先对生产服务业和制造业部门的范围和界限进行说明。

首先，为了保持投入产出表部门前后的一致性，本书将2007年投入产出表中邮政业合并到交通运输及仓储业部门，将2007年和2017年投入产出比表中的综合技术服务业与研究和试验发展两部门合并与2012年投入产出表中科学研究和技术服务相对应。参考以往学者的做法选取与制造业生产密切相关的批发与零售部门、交通运输仓储和邮政部门、信息传输软件和信息技术服务部门、金融部门、租赁和商务服务部门以及科学研究和技术服务部门作为服务化计算样本。

其次，考虑到制造业服务化水平与制造业的技术水平有关，我们在测算制造业整体服务化水平的基础上还将制造业按技术水平分类，研究不同技术水平制造业服务化差异。为了保证投入产出表前后年份部门的可比性，这里按照投入产出部门表Ⅱ级分类将投入产出表中制造业的分类进行调整，将2007年投入产出表中的工艺品归入造纸印刷及文教体用品制造业，文化办公用机械制造业归入通用制造业，然后借鉴借鉴张志醒等（2018）、阳立高（2014）关于制造业的分类方法，最终把制造业分为了三类见表1.1。

表1.1　　制造业分类

制造业类型	具体行业名称
劳动密集型	食品和烟草，纺织品，纺织服装鞋帽皮革羽绒及其制品，木材加工品和家具，造纸印刷和文教用品，非金属矿物制品，金属制品，其他制造产品和废品废料，金属制品、机械和设备修理服务
资本密集型	石油加工、炼焦和核燃料加品，化学产品，金属冶炼和压延加工品
技术密集型	通用设备，专用设备，交通运输设备，电气机械和器材，通信设备、计算机和其他电子设备，仪器仪表

第三节　中国制造业与服务业融合水平测算

一、制造业总体与服务业融合现状

（一）服务总投入服务化水平

根据式（1.3）对中国制造业服务化水平进行测算，测算结果见表1.2。由表1.2可以看出，2007～2017年中国制造业服务化水平呈现不断上升变化趋势，服务化水平由2007年的9.11%上升到2017年的15.14%，10多年来服务化水平虽有所提高，但幅度不大。由此可见，中国制造业生产投入仍然更多的是依靠自身等服务之外要素的投入，服务要素投入较少。

表1.2　　2007～2017年制造业整体服务化水平　　单位：%

地区	2007年	2012年	2017年
中国	9.11	12.29	15.14

（二）服务行业异质视角下服务化水平

考虑到生产投入服务要素的异质性，这里就制造业对六类生产服务业的依赖度进行测算，测算结果见表1.3，由表1.3可以看出，2007～2017年制造业生产投入要素最多的是批发零售业，其次是交通运输、仓储和邮政业和金融业，制造业对前两类服务业的消耗主要集中在制造品的销售阶段，而对信息传输、软件和信息技术服务业、租赁和商务服务、科学研究和技术服务这些为制造业生产提供技术支持、市场调查服务的新兴生产服务业消耗较少。

从动态来看，传统服务业服务化水平大幅提高，批发零售业服务化水平由2007年的2.58%提高到2017年的5.96%，提高了1倍多；交通运输、仓储和邮政业服务化水平由2.84%提高到4.00%。而在新兴的行业中只有租赁和商务服务化水平由2007年1.01%提升到2017年2.18%，其余行业服务化水平变化不大，科学研究和技术服务化水平还呈小幅下降趋势。

由此可见，当前我国制造业生产中投入的服务主要是传统的生产性服务业，信息技术等含量较高的新兴生产服务业投入较少，服务化质量还有待提高。

表 1.3　　2007～2017 年制造业对不同服务要素的依赖度　　单位：%

行业	2007 年	2012 年	2017 年
批发和零售服务业	2.58	3.94	5.96
交通运输、仓储和邮政业	2.84	3.31	4.00
信息传输、软件和信息技术服务业	0.50	0.21	0.50
金融服务业	1.53	2.39	1.88
租赁和商务服务业	1.01	1.43	2.18
科学研究和技术服务业	0.64	0.99	0.61

（三）服务来源异质视角下服务化水平

考虑到服务来源的差异性，这里就制造业对区域内和区域外服务的依赖度进行计算，以此来测算区域内服务化和区域外服务化情况，计算结果见表 1.4。

表 1.4　　2007～2017 年服务来源异质视角下制造业服务化水平　　单位：%

服务来源	行业	2007 年	2012 年	2017 年
区域内服务	制造业服务化	8.73	11.98	14.92
	批发零售服务化	2.59	3.94	5.96
	交通运输仓储邮政服务化	2.75	3.15	3.92
	信息软件技术技术服务化	0.48	0.21	0.49
	金融服务化	1.52	2.38	1.86
	租赁商务服务化	0.84	1.32	2.11
	科学技术服务化	0.56	0.99	0.57
区域外服务	制造业服务化	0.38	0.31	0.22
	批发零售服务化	0.00	0.00	0.00
	交通运输仓储邮政服务化	0.09	0.17	0.08
	信息软件技术技术服务化	0.02	0.01	0.01
	金融服务化	0.01	0.02	0.02
	租赁商务服务化	0.17	0.11	0.07
	科学技术服务化	0.08	0.01	0.05

首先，无论是服务业总体还是不同类别服务业，区域内服务化水平均明显高于区域外服务化水平，这说明在制造业服务化发展进程中对区域内服务的依赖程度较高。

其次，服务来源不同，制造业对不同服务行业的依赖程度也不同。在依托区域内服务实现的服务化中，制造业生产中投入的服务主要是批发零售服务和交通运输、仓储及邮政服务；而依托区域外实现的服务化则主要投入的是交通运输、仓储及邮政、租赁商务和科学技术服务。由此可见，与区域外服务化相比，区域内服务化更多依靠的是传统生产性服务业的投入。

最后，在观测期内制造业总体对不同来源服务的依赖度呈现出不同的变化趋势，制造业对区域内服务的依赖度不断上升；而对区域外服务的依赖程度则是下降的，只有金融服务化程度呈上升趋势。这说明在制造业服务化发展过程中对区域内服务的依赖度不断提高。

二、不同类型制造业与服务业融合现状

（一）不同类型制造业服务总投入比较

按照前面对制造业的分类，并利用前面公式测算三类制造业对服务的直接依赖度以表示其服务化水平，计算结果见表 1.5。

表 1.5　　2007～2017 年不同类型制造业对服务的直接依赖度　　单位：%

	2007 年	2012 年	2017 年
劳动密集型	9.31	13.01	15.91
资本密集型	8.35	9.98	13.58
技术密集型	9.66	13.96	15.61

首先，在服务化水平变化趋势上，不同类型制造业服务化水平都在不断提高。劳动密集型制造业由 2007 年的 9.31% 提高到 2017 年的 15.91%；资本密集型制造业服务水平由 2007 年 8.35% 快速上升到 2017 年的 13.58%；技术密集制造业服务化水平由 2007 年的 9.66% 提高到的 2017 年的 15.61%。

其次，在样本期内结构发生了变化，在 2012 年以前，一直是技术密集

型制造业服务化水平领先，劳动密集型次之，资本密集型最小，而到 2017 年结构发生了变化，劳动密集型制造业服务化水平超过技术密集型制造业服务化水平位居第一，资本密集型制造业服务化水平仍然最低，但是三者服务化水平的差距在缩小。

（二）服务异质视角下不同类型制造业服务化比较

表 1.6 是三种类型制造业生产中对不同类型服务要素的依赖程度。从表 1.6 可以看出，三类制造业服务化主要表现为批发和零售服务化与交通运输、仓储邮政服务化两个方面；但变化趋势不同，劳动密集型制造业和资本密集型制造业对批发零售服务、交通运输、仓储和邮政服务的依赖度历年呈递增趋势，而技术密集型制造业对其的依赖程度呈倒“U”形。虽然三种类型制造业主要投入服务要素种类类似，但由于产业特征的不同，各服务要素投入水平存在一定的差异。2017 年劳动密集型制造业、资本密集型制造业中传统服务投入占服务总投入的比重分别为 71.8% 和 62.8%，技术密集型制造业中传统服务投入占服务总投入的比重为 55.2%。在三类制造业中新兴服务业的投入也存在差异，金融服务在资本密集型制造业中的投入仅次于传统服务，位于新兴服务业的榜首，技术密集型制造业中科学研究技术服务投入水平明显地高于劳动密集型制造业和资本密集型制造业。

表 1.6　服务行业异质视角下不同类型制造业服务化水平　　单位：%

	劳动密集型			资本密集型			技术密集型		
	2007 年	2012 年	2017 年	2007 年	2012 年	2017 年	2007 年	2012 年	2017 年
批发和零售服务业	2.58	5.04	6.86	1.97	2.21	4.26	3.20	6.41	4.60
交通运输、仓储和邮政服务业	0.30	3.88	4.41	0.71	2.94	4.15	0.49	3.19	3.11
信息传输、软件技术服务业	0.30	0.20	0.30	0.71	0.11	0.23	0.49	0.93	0.34
金融服务业	1.63	2.02	1.54	1.49	2.73	2.47	1.47	1.70	2.44
租赁和商务服务业	1.09	1.43	2.29	0.74	1.19	1.78	1.21	2.21	1.70
科学研究和技术服务业	0.39	0.44	0.30	0.53	0.80	0.51	1.02	0.91	1.78

（三）服务来源异质视角下不同类型制造业服务化比较

不同类型制造业区域内和区域外服务化水平计算结果见表 1.7，从计算结果可以看出：

首先，在服务化水平上，无论是哪一类型的制造业，区域内服务化水平均高于区域外服务化水平，各类制造业服务投入仍以区域内服务投入为主。

其次，在服务化的进程中，各类制造业对不同来源服务依赖程度呈现不同的变化趋势。三类制造业对区域内服务依赖程度均呈现上升的变化趋势，但在提升的幅度上存在差异，总的来说，劳动密集型制造业服务化水平提高幅度最大，提高了75%，技术密集型制造业上升幅度略大于资本密集型制造业。三类制造业对区域外服务的依赖度均呈下降趋势。总的来说，技术密集型制造业下降幅度最大，资本密集型制造业次之，劳动密集型制造业最小。

最后，区分服务来源后，不同服务来源三类制造业服务化水平的结构有所不同，对于区域内服务来说，在 2012 年之前技术密集型制造业服务化水平最高，资本密集型制造业最低，到 2017 年劳动密集型最高，技术密集型次之，资本密集型仍然最小。但对于区域外服务来说，技术密集型制造业服务化水平一直都是最高的，资本密集型制造业服务化水平最低，结构上没有太大的变化。

表 1.7　服务来源异质视角下不同类型制造业服务化水平　单位:%

		2007 年	2012 年	2017 年
区域内	劳动密集型	8.97	12.68	15.69
	资本密集型	8.03	9.71	13.41
	技术密集型	9.17	13.63	15.34
区域外	劳动密集型	0.34	0.33	0.21
	资本密集型	0.31	0.27	0.18
	技术密集型	0.48	0.33	0.26

考虑到投入服务的异质性，这里对 2017 年三类制造业对每类生产服务业的直接依存度进行了计算，计算结果见表 1.8。由表 1.8 可见，对三类制造业来说，六类服务的区域内服务化都显著高于区域外服务化。区域内服务的投入主要依靠的是批发零售服务业和交通运输业、仓储服务业等传统服务业；而区域外服务的投入则主要是交通运输业、仓储和邮政服务业、租赁和

商务服务业以及科学研究和技术服务业，三类制造业区域外的服务投入主要是新兴的科技含量比较高的服务。

表 1.8　服务来源、服务行业异质视角下不同类型制造业服务化水平　　单位:%

		劳动密集型	资本密集型	技术密集型
区域内	批发和零售业	6.86	4.26	6.41
	交通运输、仓储和邮政业	4.41	4.15	3.19
	信息传输、软件和信息技术服务业	0.30	0.23	0.93
	金融业	1.54	2.47	1.70
	租赁和商务服务业	2.29	1.78	2.21
	科学研究和技术服务业	0.30	0.51	0.91
区域外	批发和零售业	0.00	0.00	0.00
	交通运输、仓储和邮政业	0.08	0.07	0.09
	信息传输、软件和信息技术服务业	0.00	0.00	0.02
	金融业	0.01	0.02	0.01
	租赁和商务服务业	0.07	0.06	0.07
	科学研究和技术服务业	0.04	0.02	0.07

三、本节小结

本节从投入服务化视角出发，基于服务依赖度指标和中国省际投入产出数据，对中国制造业服务化水平进行了测算并展开了分析，得出以下结论：

1. 从制造业总体来看。首先，制造业服务化水平虽然有所提高，但仍有很大的提升空间。其次，制造业生产中服务投入主要是批发零售、交通运输、仓储和邮政等传统服务，信息科技含量较高的新型服务投入较少，服务化的质量有待提高。最后，将服务划分为区域内服务和区域外服务发现，制造业服务化投入主要依靠的是区域内服务投入，并且在观测期内，这种趋势不断上升；另外，区域内服务投入实现的服务化主要依靠的传统服务的投入，而区域外服务投入实现的服务化则更多依靠的是新兴服务业，区域外服务化的质量高于区域内服务化质量。

2. 将制造业按要素密集度划分为劳动密集型、资本密集型和技术密集型发现，首先，三类制造业服务化水平不断提高，2012 年以前，技术密集型制造业服务化水平最高，劳动密集型次之，资本密集型最低，到 2017 年三者服务化水平结构发生变化，劳动密集型最高，技术密集型次之，资本密集型仍然最低。其次，虽然三类制造业服务投入都主要是传统服务，但是由于行业特征不同，服务投入要素存在差异，科学研究与技术服务在技术密集型制造业中投入水平明显高于劳动密集型制造业和技术密集型制造业，除传统服务外金融服务在资本密集型制造业服务投入明显高于其他服务业。最后，考虑到服务来源的异质性后发现，与制造业总体一样，三类制造业服务投入都是依赖于区域内服务投入并呈上升趋势，无论是哪一类制造业，依托区域外服务实现的服务化质量都高于区域内服务实现的服务化质量。

第四节　河南省制造业、服务业融合发展与全国对比分析

一、制造业总体与服务业融合对比分析

（一）服务总投入服务化水平分析

根据式（1.3）对河南省制造业服务化水平进行测算，测算结果见表 1.9。由表 1.9 可以看出，2007～2017 年河南省制造业服务化水平呈现先上升后又下降的变化趋势，服务化水平由 2007 年的 11.25% 上升到 2012 年的 12.16%，而后又下降到 2017 年的 11.80%，基本维持在 12% 左右，10 多年来服务化水平虽有所提高，但幅度不大。由此可见，河南省制造业生产投入仍然更多的是依靠自身等服务之外要素的投入，服务要素投入较少。

表 1.9　2007～2017 年制造业整体服务化水平　单位：%

地区	2007 年	2012 年	2017 年
河南	11.25	12.16	11.80
全国	9.11	12.29	15.14

从与全国制造业服务化水平对比来看，两者之间存在显著差异。首先，

在观测期内河南省制造业水平基本在11%～13%之间波动，而全国制造业服务化水平由2007年的9.11%上升到2017年的15.14%，服务化水平提升幅度较大；其次，两者之间的差距不断扩大。

（二）投入服务异质视角下服务化水平分析

考虑到生产投入服务要素的异质性，这里就制造业对六类生产服务业的依赖度进行测算，测算结果见表1.10。由表1.10可以看出，2007～2017年制造业生产投入要素最多的是批发零售业，其次是交通运输、仓储和邮政业和金融业，制造业对前两类服务业的消耗主要集中在制造品的销售阶段，而对信息传输、软件和信息技术服务业、租赁和商务服务、科学研究和技术服务这些为制造业生产提供技术支持、市场调查的服务消耗较少。另外，从动态来看，2007～2017年金融、租赁和商务服务化水平均大幅度提高，金融服务化由2007年的0.55%一路攀升到2017年的2.39%，租赁和商务服务则由2007年0.3%提升到2017年1.78%，批发和零售服务化水平则呈现先上升后下降的发展态势；交通运输、仓储和邮政、信息传输软件和信息技术、科学研究和技术服务化水平均有不同程度的下降。总的来说，制造业生产中传统服务的投入不断降低，而科技含量比较高的新兴服务投入不断增多，制造业服务化质量不断提高。

表1.10　　2007～2017年制造业对不同服务要素的依赖度

	河南			全国		
	2007年	2012年	2017年	2007年	2012年	2017年
批发和零售业	4.95	7.38	5.40	2.58	3.94	5.96
交通运输、仓储和邮政业	4.81	3.10	1.81	2.84	3.31	4.00
信息传输、软件和信息技术服务业	0.17	0.25	0.08	0.50	0.21	0.50
金融业	0.55	0.99	2.39	1.53	2.39	1.88
租赁和商务服务业	0.30	0.33	1.78	1.01	1.43	2.18
科学研究和技术服务业	0.48	0.10	0.33	0.64	0.99	0.61

从与中国服务化对比来看，河南与中国在制造业服务化结构类型方面存在一定的相似性。即在制造业生产过程中，对批发零售业、交通运输业、仓储和邮政业这些传统的生产服务业依赖度较高，而对信息传输、软件和信息技术服务业、科学研究和技术服务业等新兴的生产服务业依赖度较低，两者

之间的差异主要表现在水平方面，河南省对信息传输、软件和信息技术，租赁合同商务服务、科学研究和技术服务这些现代服务业的消耗明显低于全国平均水平，而对批发零售传统服务的消耗高于全国平均水平；但从动态的角度来看，两者服务化质量方面的差异不断缩小。

（三）服务来源异质视角下制造业服务化水平分析

考虑到服务来源的差异性，这里就制造业对区域内和区域外服务的依赖度进行了计算，以此来测算制造业区域内和区域外服务化情况，计算结果见表1.11。从测算的结果可见，首先，无论是总体还是分类别服务化发展，制造业区域外服务化水平均明显低于区域内服务化水平，这说明在制造业服务化发展进程中对区域内服务的依赖程度较高。其次，不论是区域内服务还是

表1.11　2007～2017年服务来源异质视角下制造业服务化水平　单位：%

		河南			全国		
		2007年	2012年	2017年	2007年	2012年	2017年
区域内	制造业服务化	10.71	6.55	8.08	8.73	11.98	14.92
	批发零售服务化	4.92	2.63	3.61	2.59	3.94	5.96
	交通运输仓储邮政服务化	4.48	2.46	1.67	2.75	3.15	3.92
	信息软件技术技术服务化	0.16	0.22	0.05	0.48	0.21	0.49
	金融服务化	0.44	0.85	1.67	1.52	2.38	1.86
	租赁商务服务化	0.26	0.31	0.79	0.84	1.32	2.11
	科学技术服务化	0.46	0.09	0.29	0.56	0.99	0.57
区域外	制造业服务化	0.54	5.61	3.72	0.38	0.31	0.22
	批发零售服务化	0.03	4.76	1.79	0.00	0.00	0.00
	交通运输仓储邮政服务化	0.34	0.64	0.13	0.09	0.17	0.08
	信息软件技术技术服务化	0.01	0.04	0.04	0.02	0.01	0.01
	金融服务化	0.11	0.14	0.72	0.01	0.02	0.02
	租赁商务服务化	0.04	0.02	0.99	0.17	0.11	0.07
	科学技术服务化	0.02	0.01	0.04	0.08	0.01	0.05

区域外服务，批发零售服务化水平都明显高于其他类型服务化水平。最后，在观测期内制造业总体对不同来源服务的依赖度呈现出不同的变化趋势，制造业对区域内服务的依赖度先下降而后上升，2017 年与 2007 年相比，总体来说是下降了；而对区域外服务的依赖程度则是先上升而后下降，总的来说还是上升了，两者之间的差距在不断变小；从服务的不同类型来看，除金融业和租赁商务服务外，制造业对其他区域内服务的依赖度不断降低，制造业对区域外服务的依赖度除交通运输仓储邮政外都是上升的，制造业对批发零售、交通运输仓储邮政、信息软件技术服务、科学技术服务两种不同来源服务依赖程度之间的差距不断缩小，而对两种来源金融服务依赖的差距不断扩大，租赁商务区域外服务化在 2017 年反超区域内服务化，这说明河南省在制造业服务化发展过程中对区域外服务的依赖度不断提高。

从与全国对比来看，首先无论是河南还是全国制造业对区域内服务的依赖度均高于对区域外服务的依赖度，但河南制造业对区域外服务的依赖度更高。以制造业整体服务化情况为例，在 2007 年河南省区域内服务化水平约为总服务化水平的 5.02%，而全国约为 4.34%，随后两者之间的差距迅速扩大，河南省对区域外服务的依赖度迅速上升，到 2017 年河南区域外服务化水平为总服务化水平的 45.96%，区域外服务化与区域内服务化水平基本持平；而中国区域外服务化占总服务化水平的比重不仅没有提高反而出现下降，下降到了 1.47%。这说明河南一直在努力利用区域外服务来弥补省内服务业对制造业供应的不足。区分服务来源差异后可以看到，河南省服务化水平低于全国并且差距不断扩大的主要原因在于区域内服务领域，从总体上来看，2007 年河南省区域内服务化水平比全国高近 2 个百分点，到 2012 年就低于全国 5.43 个百分点，2017 年差距再次变大，低于全国 6.84 个百分点；分类别来看，信息软件技术服务、租赁商务服务和科学技术服务化水平低于全国平均水平的主要原因也在于区域内服务不足，区域外服务化水平高于全国并不断提高是这三类服务化水平与全国差距不断缩小的主要原因。

二、不同类型制造业与服务业融合对比分析

（一）不同类型制造业总体服务化水比较

按照前面对制造业的分类，并利用前面公式测算三类制造业对服务的直

接依赖度以表示其服务化水平，计算结果见表 1.12。由计算结果可以看出，2007～2017 年，河南省不同类型制造业服务化水平存在一定的波动性。劳动密集型制造业服务化水平基本上呈上升趋势，由 2007 年的 11.17% 提高到 2017 年的 13.39%；资本密集型制造业服务水平呈倒“U”形，由 2007 年的 8.58% 快速上升到 2012 年的 13.6%，而后又下降到 2017 年的 11.23%，总的来说，在观测期内是上升的；技术密集制造业服务化水平呈直线下降趋势，由 2007 年的 16.45% 下降到的 2017 年的 9.59%。总的来说，劳动密集型制造业服务化水平最高，资本密集型制造业次之，技术密集型制造业服务化水平最低。

表 1.12　2007～2017 年不同类型制造业对服务的直接依赖度

	河南			全国		
	2007 年	2012 年	2017 年	2007 年	2012 年	2017 年
劳动密集型	11.17	11.01	13.39	9.31	13.01	15.91
资本密集型	8.58	13.61	11.23	8.35	9.98	13.58
技术密集型	16.45	12.61	9.59	9.66	13.96	15.61

在不同制造业类型中，河南省与全国服务化水平存在很大的不同。首先，在变化趋势上，中国三种类型制造业服务化水平在 2007～2017 年都是呈直线上升趋势，而河南省劳动密集型和资本密集型制造业服务化水平呈波动上升趋势，技术密集型制造业服务化水平却是下降的；其次，结构不同，在样本期内，全国技术密集型制造业服务化水平领先，劳动密集型次之，资本密集型最小，而河南省则是劳动密集型相对领先，资本密集型次之，科技密集型最小；最后，样本期内全国在服务化过程中结构变动较小，服务化发展领先的类型相对稳定，而河南省的结构变动较大。

（二）投入服务异质视角下不同类型制造业服务化分析

图 1.1、图 1.2、图 1.3 是三种类型制造业生产中对不同类型服务要素的依赖程度。从图中可以看出，三类制造业服务化主要表现为批发和零售服务化与交通运输、仓储邮政服务化两个方面。在三类制造业生产中投入水平最高的均为批发零售服务，但变化趋势不同，劳动密集型制造业对批发零售服

务的依赖度历年呈递增趋势，而资本密集型制造业和技术密集型制造业对其的依赖程度呈倒“U”形；三类制造业对交通运输、仓储邮政服务的依赖度均呈递减趋势。虽然三种类型制造业主要服务要素类似，但由于产业特征的不同，各服务要素投入水平存在一定的差异。劳动密集型和资本密集型制造业生产中投入的金融服务、租赁和商务服务变化趋势相同，都呈上升趋势，随着时间的推移，金融服务在劳动密集型和资本密集型制造业生产中的投入仅次于批发与零售服务，位居第二。金融服务、租赁和商务服务在技术密集型制造业生产中的投入呈“U”形变化，而且租赁和商务服务的增加速度较快，成为技术密集型制造业生产投入的第二主要投入。科学研究和技术服务在三类制造业生产投入中的变化趋势都呈“U”形，但在投入水平上有差异，技术密集型制造业对其需求最大，劳动密集型制造业对其需求最小。

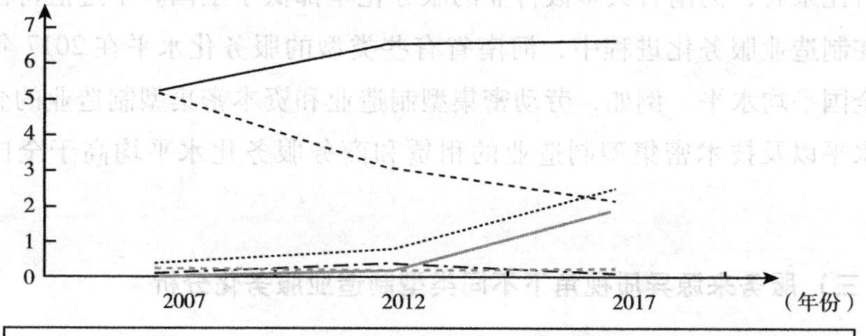

图 1.1　河南省劳动密集型制造业服务化水平

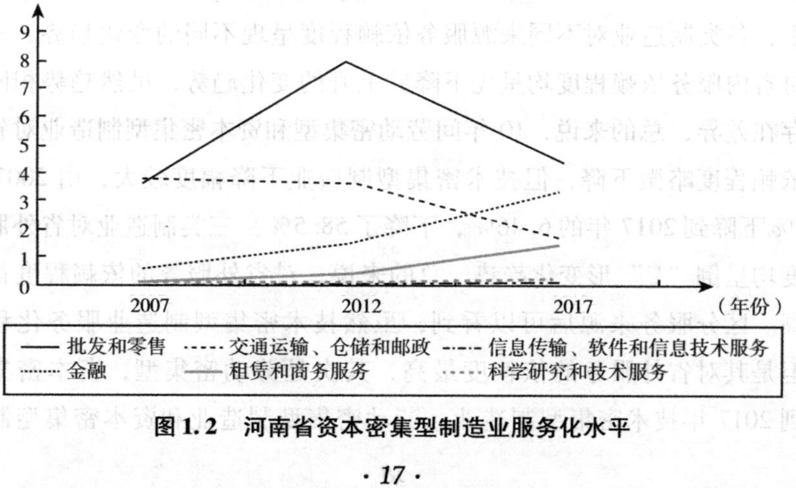

图 1.2　河南省资本密集型制造业服务化水平

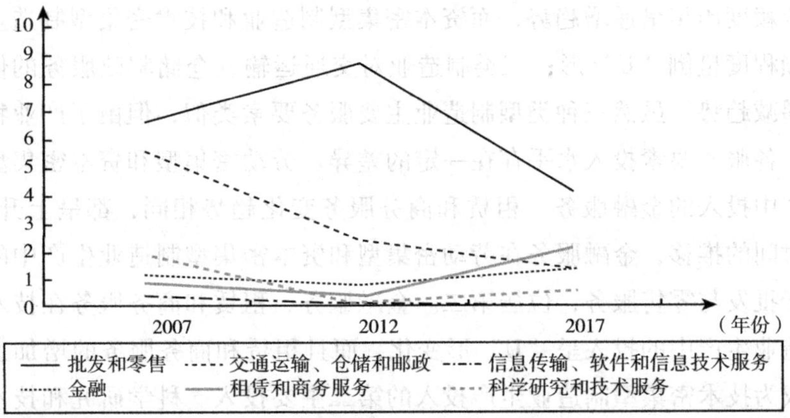

图 1.3　河南省技术密集型制造业服务化水平

对比来看，河南省大多数行业的服务化率都低于全国。不过值得注意的是，在制造业服务化进程中，河南省有些类型的服务化水平在 2017 年已经超过全国平均水平。例如，劳动密集型制造业和资本密集型制造业的金融服务化水平以及技术密集型制造业的租赁和商务服务化水平均高于全国平均水平。

（三）服务来源异质视角下不同类型制造业服务化分析

不同类型制造业区域内和区域外服务化水平计算结果见表 1.13。从计算的结果可以看出，无论是哪一类型的制造业，区域内服务化的水平均高于区域外服务化水平，各类制造业服务投入仍以省内服务投入为主。在服务化的进程中，各类制造业对不同来源服务依赖程度呈现不同的变化趋势。三类制造业对省内服务依赖程度均呈先下降后上升的变化趋势，虽然趋势相同但在量上存在差异，总的来说，10 年间劳动密集型和资本密集型制造业对省内服务的依赖程度略微下降，但技术密集型制造业下降幅度较大，由 2007 年的 15.57% 下降到 2017 年的 6.46%，下降了 58.5%。三类制造业对省外服务的依赖度均呈倒“U”形变化趋势，总的来说，对省外服务的依赖程度都大幅度提高。区分服务来源后可以看到，虽然技术密集型制造业服务化程度最低，但是其对省外服务的依赖度最高，其次是劳动密集型，资本密集型最低。到 2017 年技术密集型制造业、劳动密集型制造业和资本密集型制造业区域外服务化占总服务化的比重分别为32.7%、31.3%和30.8%。

表1.13　**不同来源服务投入服务化水平**　单位:%

		河南			全国		
		2007年	2012年	2017年	2007年	2012年	2017年
省内	劳动密集型	10.68	6.01	9.20	8.97	12.68	15.69
	资本密集型	8.14	7.52	7.77	8.03	9.71	13.41
	技术密集型	15.57	6.36	6.46	9.17	13.63	15.34
省外	劳动密集型	0.49	5.00	4.19	0.34	0.33	0.21
	资本密集型	0.44	6.08	3.46	0.31	0.27	0.18
	技术密集型	0.87	6.25	3.14	0.48	0.33	0.26

对比来看，虽然中国三类制造业也是以国内服务投入为主，但在量和变化趋势上不同。中国三类制造业对国内服务的依赖度不断提高，对国外服务的依赖度不断下降。三类制造业对省外服务的依赖度占总服务的比例由2007年的3.65%、3.71%、4.97%下降到2017年的1.32%、1.32%和1.67%。

考虑到投入服务的异质性，这里就2017年三类制造业对每类生产服务业的直接依存度进行了计算，计算结果见表1.14。由表1.14可见，对三类制造业来说，六类服务的区域内服务化都显著高于区域外服务化。无论是省外服务还是省内服务，三类制造业的批发零售服务化水平均高于其他同类服务化水平，信息传输、软件和信息技术服务都处于最低水平。

表1.14　**不同来源、不同类型服务投入服务化水平**　单位:%

行业	来源	劳动密集制造业		资本密集制造业		技术密集制造业	
		河南	全国	河南	全国	河南	全国
批发和零售	省内	4.44	6.86	2.99	4.26	2.75	6.41
	省外	2.20	0.00	1.48	0.00	1.36	0.00
交通运输、仓储和邮政	省内	1.97	4.41	1.53	4.15	1.30	3.19
	省外	0.16	0.08	0.12	0.07	0.10	0.09
信息传输、软件和信息技术服务	省内	0.06	0.30	0.03	0.23	0.03	0.93
	省外	0.05	0.00	0.02	0.00	0.03	0.02
金融	省内	1.74	1.54	2.33	2.47	0.95	1.70
	省外	0.75	0.01	1.01	0.02	0.41	0.01

续表

行业	来源	劳动密集制造业		资本密集制造业		技术密集制造业	
		河南	全国	河南	全国	河南	全国
租赁和商务服务	省内	0.80	2.29	0.63	1.78	0.92	2.21
	省外	1.00	0.07	0.79	0.06	1.16	0.07
科学研究和技术服务	省内	0.19	0.30	0.25	0.51	0.50	0.91
	省外	0.03	0.04	0.04	0.02	0.07	0.07

与全国相比，三类制造业不论是哪一类型的服务化，河南省区域内服务化水平都低于全国平均水平，但在区外服务化方面基本上是河南省服务化水平高于全国。这再次说明河南制造业的发展更多地依赖省外服务的投入。

三、本节小结

明确河南省制造业服务化发展态势，总结河南省与全国服务化发展的共性与差异，有助于进一步深刻认识河南制造业服务化的现实，为河南省推进服务化发展战略提供理论借鉴。本节从投入服务化的视角出发，基于服务依赖度指标和河南、全国投入产出数据，对河南省和全国制造业服务化水平进行了测算并展开了分析，发现河南省制造业服务化在发展态势、服务类别结构和行业结构方面与全国有着一定的相似性，但在服务水平、结构变化、区域内与区域外服务化等方面也存在一定的差异。

1. 总体上，河南省制造业生产投入仍然更多的是依靠自身等服务之外要素的投入，样本期内服务化水平提升较小，而全国制造业服务化水平提升幅度较大，两者之间的差距不断扩大。这说明河南省依托服务价值增值提升制造业竞争力尚有巨大空间。

2. 对制造业进行划分后发现，河南省服务化过程中存在行业异质性，总的来说，劳动密集型制造业服务化水平最高，资本密集型制造业次之，技术密集型制造业服务化水平最低。虽然全国制造业服务化也存在行业的异质性，但两者在结构和结构的变动方面存在不同，在样本期内，中国技术密集型制造业服务化水平领先，劳动密集型次之，资本密集型最小，并且服务化发展领先的类型相对稳定，结构变动较小，而河南省的结构变动较大。

3. 考虑服务类别差异后发现，河南省制造业生产投入要素最多的是批发零售业，其次是交通运输、仓储和邮政业和金融业，对信息传输、软件和信息技术服务业、租赁和商务服务、科学研究和技术服务消耗较少。制造业对传统的生产服务业依赖度较高，对新兴生产服务业依赖度较低。虽然河南省与中国在服务化结构方面存在相似性，但在水平方面存在差异，河南省对信息传输、软件和信息技术，租赁合同商务服务、科学研究和技术服务这些现代服务业的消耗明显低于全国平均水平，而对批发零售传统服务的消耗高于全国平均水平，但除交通运输、仓储和邮政外，河南省与全国服务化的差距都在逐渐缩小。

4. 考虑到服务来源的差异性后发现，无论是总体还是分类别服务化发展，制造业区域外服务化水平均明显低于区域内服务化水平，但在观测期内制造业总体对省内服务的依赖度下降了，而对省外流入服务的依赖程度上升了，两者之间的差距在不断变小。虽然中国制造业对当地服务的依赖度均高于对流入服务的依赖，但河南省制造业对流入服务的依赖度更高。区分服务来源差异后可以看到，河南省服务化水平低于全国并且差距不断扩大的主要原因在于省内服务领域，分类别来看，信息软件技术服务、租赁商务服务和科学技术服务化水平低于全国平均水平的主要原因也在于省内服务不足，区域外服务化水平高于全国并不断提高是服务化水平与全国差距不断缩小的主要原因。

5. 三类制造业服务化主要表现为批发和零售服务化与交通运输、仓储邮政服务化两个方面。在三类制造业生产中投入水平最高的均为批发零售服务；但由于产业特征的不同，各服务要素投入水平存在一定的差异。劳动密集型和资本密集型制造业生产中投入的金融服务、租赁和商务服务变化趋势相同，都呈上升趋势，随着时间的推移，金融服务在劳动密集型和资本密集型制造业生产中的投入仅次于批发与零售服务，位居第二。租赁和商务服务，成为技术密集型制造业生产投入的第二主要投入。与全国相比，无论是哪一个类型制造业服务化，河南省大多数行业的服务化率都低于全国。不过值得注意的是，在制造业服务化进程中，河南省有些类型的服务化水平在2017 年已经超过全国平均水平。

6. 无论是哪一类型的制造业，区域内服务化的水平均高于区域外服务化水平，各类制造业服务投入仍以省内服务投入为主。三类制造业对省外服务的依赖度总的来说都大幅度提高。区分服务来源后可以看到，虽然技术密集型制造业服务化程度最低，但是其对省外服务的依赖度最高，其次是劳动密集型制造业，资本密集型制造业最低。虽然中国三类制造业也是以国内服务投入为主，但在量和变化趋势上不同。中国三类制造业对国内服务的依赖度不断提高，对国外服务的依赖度不断下降。

| 第二章 |

制造业与服务业融合对产业结构优化影响研究

第一节 理论基础

一、产业结构优化内涵

产业和产业结构内涵的界定是研究产业结构调整和优化的基础。所以这里先讨论一下产业和产业结构的内涵。

（一）产业的内涵

同其他许多经济学概念一样，产业是一个历史范畴，其概念在历史的发展中不断拓展。即使在同一时期，由于大家研究目的、研究领域的不同也会赋予“产业”不同的内涵。本书中的“产业”是指具有某种同类属性的企业经济活动的集合，是连接国民经济与企业之间的经济活动，处于国民经济中观层次。

（二）产业结构的内涵

产业结构的概念最早出现在 20 世纪 40 年代，并且直到 60 年代学术界对这一概念也没有达成共识。有人认为产业结构是指产业内部企业之间的关系，有人认为产业结构是指各产业之间的关系，也有人认为产业地区分布规律属于产业结构概念的范畴。但是伴随着产业经济学的快速发展，产业结构的内涵和研究领域逐渐明晰，现在一般把产业结构界定为产业间关系结构。①

中国学者在对产业结构问题进行研究时，由于研究角度的不同对产业结构的界定也有所不同。目前比较有代表性的观点有以下两种。

一种观点是产业发展形态理论，该理论认为产业结构就是资源在各产业中相互联系并提升效率的关系；另一种观点认为产业结构是产业间通过投入产出关系表现出来的比例关系，即产业关联理论。

本书认为产业结构的内涵可以从动态和静态两个层面来阐述。从动态的角度来讲，产业结构是指产业间联系的关系结构和比例关系的发展演变过程和趋势；从静态的角度来讲，产业结构是指一定时期内产业间联系的关系结构和数量比例关系。换句话来讲就是产业结构包含以下三个方面的内容：一是三次产业之间的结构比例关系以及该比例关系的变动趋势；二是各产业内部结构比例关系以及该比例关系的变动趋势；三是随着经济的发展，产业结构出现高度化以及三次产业的劳动生产率趋同所产生的产业结构软化。

（三）产业结构优化内涵

1. 传统产业结构优化内涵。

所谓产业结构优化是指通过产业间的调整，实现产业的协调发展和产业总体发展水平的不断提高。② 产业结构优化的目的是通过产业调整使产业结构达到相对有效的水平，最终实现经济效益最大化。它包括合理化和高级化两个方面。前者是指根据产业技术经济关联的客观比例来调整不协调的产业结构，从而促进各产业的协调发展；后者是指遵循产业结构演变规律通过创新促使产业结构向高度化演进。两者之间相互联系、相互影响，合理化是高级化的基础，高级化是合理化的目标，脱离了合理化的高级化会导致产业结构出现“空洞化”和结构演进的倒退；而不以高级化为目标的合理化也没有存在的意义。

关于产业结构合理化的内涵，学术上还存在不同的理解和认识。归纳起

---

① 杨治．产业经济学导论［M］．北京：中国人民大学出版社，1985：30.

② 徐传谌，谢地．产业经济学［M］．北京：科学出版社，2007：95.

来主要有以下四种：第一，结构协调论。持有该观点的学者认为协调是产业合理化的核心，他们坚持“合理即协调，协调即合理”的理念，认为所谓的合理化就是按照产业发展的规律和内在联系，保证各产业以及各产业之间持续、协调的发展①。第二，结构功能论。结构功能论从产业结构功能强弱的角度对产业结构是否合理进行研究。该观点认为“结构聚合质量”是产业结构合理化的本质，结构聚合质量越高，产业间的关系就越协调；反之则反之”②。第三，结构动态均衡论。该观点认为产业结构是否合理可以从产业素质与结构动态均衡的角度来考察。所谓的合理化是产业关联和协调能力不断提高的过程，是产业结构从不合理逐渐转向合理发展的过程。第四，资源结构配置论。该观点认为产业结构是否合理可以从资源在产业间的配置和利用来考察，产业结构是否合理体现在资源分配是否合理和利用效率的高低。

从以上观点不难看出，实际上合理化的本质是协调。而产业之间是否协调一般从以下几个方面来考察：①产业素质。即看相关产业之间在劳动生产率和技术水平方面是否存在断层和反差。通常可以用比较劳动生产率来进行判断。②产业联系方式。由于产业间的投入产出关系使各产业之间相互影响、相互依赖，产业间联系方式是否协调其实就是看各产业间是不是相互促进、相互服务的，如果产业间是相互促进、相互服务的，那么就是协调的；否则，是不协调的。③产业间相对地位。所谓产业相对地位协调体是指各产业发展的主次、轻重缓急比较清晰，产业结构内部各产业的排列具有层次性。④供给与需求。在需求正常变动的情况下，如果产业能通过自身调整能力，不断缩小供给和需求在结构和数量上的差距，弱化供需之间的矛盾，就说明产业之间是协调的；否则，反之。

产业结构高级化是产业结构由低向高发展的过程，是产业总体发展水平不断提高的过程。它是就地区经济发展阶段和生产水平而言的，是一个由量变到质变的过程，是一个相对的动态的概念。一般的，产业结构高级化主要表现：①产业素质。即各产业管理水平、技术水平不断提高，生产能力和效率也不断提高，新兴产业不断兴起和发展壮大。②三次产业比重。产业结构

---

① 史忠良．新编产业经济学［M］．北京：中国社会科学出版社，2007：65.

② 周振华．产业结构优化论［M］．上海：上海人民出版社，1992.

逐渐由以第一产业为主向以第二产业为主和以第三产业为主演变。③资源密集度。产业由以劳动密集型为主向以资本密集和技术密集型为主转变。④附加值。产业由以低附加值为主向以高附加值为主转变。⑤加工度。工业从由以低加工度工业为主向以高加工度为主转变。⑥结构开放度。产业结构开放度不断扩大，产业系统适应外部环境的能力和整体的竞争力不断得到提高。所以产业结构的高度化通常可以用技术化指标、服务化指标、加工度指标以及对外开放度等指标来判断。

2. 现代产业结构优化内涵。

随着经济的快速发展，资源日益耗竭、生态环境破坏严重以及环境承载能力有限等问题日益突出，这些已成为引发当前产业结构内在矛盾的重要原因。而传统的产业结构理论仅以经济效益最大化为目标，很少考虑产业结构变动对生态环境的影响，所以传统产业结构优化理论不能有效解决产业结构当前内在的矛盾。为此，学术界将资源与环境两个因素纳入产业结构优化中，对产业结构优化内涵重新进行了界定。主要观点有以下几种。

（1）生态经济视角下的产业结构优化。该观点认为产业结构优化是在实现产业协调发展、关联深化和产业素质提升的前提下最终实现经济、生态综合效益的最大化和产业系统的动态稳定性。它也包括合理化和高级化两个方面，但是这里所说的合理化和高级化与传统的合理化和高级化是不同的。在这里合理化的核心仍是提高产业间的关联和协调能力，但这里的关联不再是产业间的简单线性关系，而是通过产业之间资源的多级递进和循环利用实现类似生物体间的一种闭环关联，产业结构高级化也不单是传统意义上的产业结构从低级向高级演进，还要求各产业实现生态转型，从根源上改变粗放型经济增长的方式。

（2）绿色经济视角下的产业结构优化。该观点指出绿色视角下的产业结构优化在实现产业结构合理化和高级化的同时，还要实现产业结构的绿色化，将绿色观念贯穿产业结构优化的过程中，最终达到绿色发展和产业结构优化共赢的目的。

绿色视角下产业结构合理化既要符合产业结构的演变规律又要符合绿色发展的规律，在进行产业结构配置的同时，还要综合资源环境禀赋和当地环境的承载力。其主要体现在：首先，寻找适合当地发展的主导产业。尽量选择在生态环境保护方面具有比较优势，且受资源约束程度小又与经济发展和绿色发展两个方面的关联性都大的产业作为主导产业。其次，积极发展与主导产业配套的产业。绿色发展的理念要求这些产业必须具有高效节能的特征，可以发挥本地区资源禀赋比较优势，降低生产成本，并推进循环技术、节能减排技术在产业链各个环节的应用。再次，推进基础产业配套合理化。基础产业一般是随着第二产业的成熟而发展起来的第三产业。从绿色发展的角度来看，应重视基础产业中薄弱和“瓶颈”产业的发展，适度推进基础产业超前发展，克服它们对产业结构优化的制约作用。最后，实现区域间协同发展。区域经济发展不平衡会导致落后地区基础建设发展滞后，掠夺性开发加剧，从而陷入不可持续的恶性循环，所以在兼顾经济效率的同时，要缩小区域经济差距，实现协同发展。

绿色视角下产业结构的高级化在传统高级化的基础上纳入了绿色化、生态化等观念，强调了高级化的可持续性。它对产业结构提出了更高的要求，主要表现在：首先，重工业化方面。传统产业结构高级化的目标之一就是不断提高重工业比重，但是我国重工业化过程对环境的破坏越来越严重。这就迫使我们在资源消耗、环境破坏和重工化增长速度之间寻找合理的平衡点，合理地发展重工业。其次，技术集约化方面。绿色发展下的产业结构高级化要求在传统高科技基础上加入环保、绿色等的因素，科技创新过程更加注重技术研发的绿色化和绿色技术的推广，从而提高科技创新的持久性。再次，清洁生产比例方面。所谓清洁生产是指在生产的过程中不使用有毒的原材料，节约能源和原材料，减少排放物或遗弃物的数量和危害。产业结构的绿色高级化要求各产业的发展要实行清洁生产，通过提高清洁生产的比例进一步推动绿色发展的产业高级化。最后，绿色产品比例方面。所谓绿色产品一般是指有利于节约资源、能源，有利于生态环境保护的产品。绿色产品所占比例是绿色发展下的产业结构高度化的重要体现，所以要提高绿色产品的比例。

（3）低碳经济视角下的产业结构优化内涵。该观点下的产业结构优化不仅要求产业结构的调整趋向合理化、高度化发展，而且还要趋向低碳化发展，即通过对国民经济中各产业部门中低碳产业和高碳产业内在联系和比例关系的调整，来实现温室气体排放量的降低和能源利用效率的提高。产业结构的高度化在遵循产业结构由低向高演进规律的同时，更强调能源利用效率高产业比重的提高和能源浪费严重、碳排放量大产业的减少或淘汰。与传统产业结构优化不同，低碳视角下的产业结构合理化更加强调产业间的有机联系，通过再生产过程对比例的要求来实现关联产业发展规模适度、比例协调和增速均衡的产业结构状态。

（4）循环经济视角下的产业结构优化。按照循环经济减量化（reduce）、再使用（reuse）和再循环（recyele）的原则，在自然资源和环境承载力因素制约条件下，提高资源能源利用率、减少对环境的污染，不断促进产业结构优化，并最终实现经济的可持续发展。

该观点下产业结构的高度化是在循环经济理念下实现产业发展水平由低向高转变，不仅体现在三次产业的优势地位的更迭上，而且还体现在结构高度化中符合循环经济发展内涵的农业生态园区产值、生态工业园区产值、第三产业产值、高新技术产业产值、环保产业产值等的比重不断提高上。基于循环经济的产业结构合理化是在传统合理化内容基础上加入资源和环境的约束。在资源环境的约束下，通过协调影响产业结构合理化的因素使资源在产业间达到最优配置，以期提高资源利用率，减少环境的污染，促进产业结构的合理化，实现人口、资源、环境的良性循环。

（5）生态文明视角下的产业结构优化。该观点认为实现产业结构最优化，在对资源进行配置时应结合区域人口、资源、环境和社会状况进行调整。其具体包含以下几个方面：首先，产业效率最优化。在对产业发展要素重组时，应以经济、社会、生态效益为前提，减少单位能耗投入，实现以最小成本获得最大综合效益的目标。其次，产业结构优化不仅包括高级化和合理化两个方面，还应该包括生态化和科学化。产业间的循环化、协调化、环保化和链条化是合理化的核心。高级化要求提高科技创新能力，促进产业由低附加值、高能耗高污染向高附加值、低能耗低污染的转变。产业结构生态化是指建立能够实现产业间相互促进、相互转化、和谐互补的节能降耗、保护环境质量的产业结构体系，充分有效地利用资源和能源，争取将对生态环境的负面影响降到最小。科学化是指建立区域创新体系，促进经济与科学的结合，提升科技成果的转化水平，推进自主创新，加快产业发展。

3. 本书的产业结构优化的内涵。

综合以上观点不难发现，与传统产业结构优化内涵相比，现代产业结构优化的内涵更加注重资源、环境在产业发展和结构调整中的重要性，产业结构优化的目的由原来的经济效益最大化转变为现在的经济效益、资源和环境共赢，最终实现经济的可持续发展。本书所说的产业结构优化就是指产业结构高级化。

二、制造业与服务业融合理论

（一）社会分工理论

亚当·斯密在他1776年出版的《国民财富的性质和原因的研究》一书中首次指出社会分工是促进经济增长的直接原因，是劳动生产率得以提高的重要途径①。这因为劳动分工一方面可以减少工人在不同工种或工序之间转换的适应时间，提高劳动者的熟练程度；另一方面还可以激发他们进行技术创新和管理创新的热情。亚当·斯密曾对从事生产运营管理和设施设备制造、发明的两类劳动者进行观察发现：随着劳动分工的不断深化，一些劳动者将专门从事生产流程的设计与管理工作，一些劳动者专门从事生产与制造设备设施或发明与创造工作，专业劳动力的出现不仅加快了科技发展和技术进步的步伐，而且还有利于工艺、设备、管理理念的更新和人力资本、知识资本的积累，为劳动生产率的不断提高打下了良好的基础。另外，劳动分工与资本积聚也有着密切的关系，一方面，劳动分工可以加速资本积聚的步伐；另一方面，当资本积聚发展到一定程度必会引发新一轮的专业化分工，两者互相作用使劳动分工变成一个渐进的过程。

但是伴随着劳动分工的不断深化和劳动效率的不断提升、市场交易的规模不断扩大、交易频率和交易种类不断增加，交易的不确定性和企业经营的道德风险也不断提高，交易成本不断上升，这样将会抵消劳动分工和劳动生产率提高所带来的经济效益，这就需要专门的服务机构通过提供更加专业的生产性服务来降低交易成本②。这不仅促使生产性服务业从制造业中分离出

---

① 亚当·斯密．国民财富的性质和原因的研究［M］．郭大力，王亚南，译．北京：商务印书馆，1997.

② 冯泰文．生产性服务业的发展对制造业效率的影响——以交易成本和制造成本为中介变量［J］．数量经济技术经济研究，2009（3）：56－65.

来并成为独立的产业部门，还促使生产性服务业的规模不断扩大、种类不断增多。由此可见，社会分工的深化和劳动生产率的提高，为生产性服务业的发展创造了条件。

（二）交易成本理论

1937 年，美国经济学家科思在他出版的《企业的本质》一书中首次提出“交易成本”的概念。所谓“交易成本”是指为了完成一笔交易人们要付出的时间、精力、体力以及货币等成本的总称①。并且这是买方和卖方都没有办法避免的成本。他还指出，企业的功能是为顾客提供产品或服务以满足他们在某一方面的需求，为了实现这一功能，企业需要消耗时间、资本和能力等资源，并将这些资源进行整合最终转化为产出。就这个角度而言，企业就是一个资源转换器，而每种资源的获取都有自制和外包两种，如零部件可以外购也可以自制，物流可以委托第三方物流也可以自己配送，企业战略可以聘请专业的咨询顾问也可以由内部管理者制定等，到底选取哪种方式来获取生产所需资源关键在于企业对两种情况下所产生的生产成本和交易成本的比较。

在交易成本理论基础上美国经济学家奥利弗·威廉姆森还提出了交易统治结构。公司在获取所需的资源时可以根据统治结构来决定是自制还是外包（见表2.1）。表2.1 中的交易频率是指一定时间内交易的次数。通常情况下，交易成本的多少与交易次数之间是成正比的，交易次数越多成本也就越高。交易对象的独特程度是指获取所需交易资源的难易程度和交易资源的特殊性。一般的，交易资源的专属性越低，资源一般也越容易获得，企业也就会更倾向于外包。因此，当交易对象的差别较小甚至接近标准品时，企业可以通过市场竞争使生产成本和交易成本降至最低，应选外包；而当交易的次数较多且交易对象又是半标准品时，为了突出外包公司的专业性企业一般也会选择外包，但是为了降低交易成本，这时企业会与外包公司保持长期的合作关系，采取“双边统治”方式；当交易对象差异较大为专属品时，交易过程中所需的搜寻、议价和监督成本就很高，如果交易的频率又很高，此时企业

① Coase R. H. The Nature of the firm [J]. Economica, 1937, 11 (4): 386 -405.

为了降低交易成本、获得更多的利益和优势，往往会选择自制的方式，形成“单边统治”的格局；当交易次数较少且交易对象为半标准品或专属品时，这时企业如果选择自制则不符合规模经济效益的原则，而选择外包交易成本又比较高，因此会选择中介服务结构介入来帮助双方来完成交易，这就是所谓的“三边统治”。

表 2.1　　奥利弗·威廉姆森交易统治结构

交易频率	交易对象的独特程度		
	标准品	半标准品	专属品
低	市场统治	三边统治	
高		双边统治	单边统治

数据来源：Williamson, O. E.. Transaction - cost economics: the government of contractual relations [J]. Journal of law and economics, 1979 (22): 233 - 261.

由上述交易统治结构理论可知，企业获取资源时选择自制、外包还是“三边统治”格局下的外包取决于频率高低和交易对象的独特程度。这两个因素将直接或间接地影响交易成本的高低。而能否降低交易成本也是企业选择自制还是外包的关键所在。外包出去的服务形成服务业，由此生产性服务业出现并迅速发展。

（三）价值链理论

美国哈佛大学著名教授迈克尔·波特于 1985 年首次提出了价值链理论，该理论的诞生为分析生产性服务业的发展提供了一定的理论依据。总的来说，企业活动可以分为基本活动和支持活动两大类。一般的企业的进料、生产、发货、销售、售后服务等属于基本活动，而计划、采购、财务、人力资源、研究与开发等属于支持性活动。由于它们都是增值的活动，并且就像被一条无形的链条贯穿在一起，所以形象地称其为“价值链”。因此，企业运营的过程实际上就是“价值链”运动的过程，但是“价值链”上每一个活动所创造的价值并不相同。实际上，只有一些特定活动能为企业创造价值，而那些能为企业创造较高价值的活动就是我们所说的战略环节。随着市场竞争的加剧和全球经济一体化的发展，利用加工制造环节来提高企业竞争优势越来越难，相反，生产性服务活动在制造业发展中的战略地位越来越凸显。

这一点可以用“微笑曲线”来进行形象地说明。“微笑曲线”的创始人施振荣先生曾经指出，产品的附加价值曲线就像是一条“微笑曲线”，两头高中间低。它的左端主要由科技含量和附加值比较高的研发、创新、材料、零部件等活动组成；而右端主要由品牌、物流、金融等附加值加较高的生产性服务业组成；中间则是由附加值较低的加工、组装等活动组成。因此，企业必须向附加价值较高的两端发展才可能拥有持久的竞争优势。

（四）规模经济理论

规模经济是指伴随着企业生产规模的不断扩大，通过使用先进的创新科技使企业内部的分工更加明确、专业性更强，企业单位成本下降，利润水平提高，从而实现规模经济。然而，在企业的生产过程中，由于受到市场容量限制、企业管理能力和经济实力的影响，并非所有环节都能够实现生产规模的最佳利益，从而导致规模不经济现象的发生。

因此，当面对服务需求时，企业会选择外部化和内部化来实现规模经济效应。外部化是指企业将服务活动外包给提供专业化服务的企业，企业通过将自身不具有优势的活动外包给专业化的企业，可以以更低的成本实现更高的利润。内部化是指将企业内的部门分离出来，从事专门的活动，当企业实现服务活动外包时，此时可以投入更多的资源在核心环节中，生产出更好的产品，提高企业在市场上的核心竞争力。而外包的企业资源集中，专业性强，成本下降，可以实现规模经济，从而促进制造业服务化的转型。

（五）产业共同生理论

产业共生理论（Industry Symbiosis Theory）是产业经济理论与生物学“共生”思想结合的产物。“产业共生”是指产业之间由于彼此资源共享互补所形成的共生系统，也可以理解为产业经过关联、互补互动及协调发展后所呈现出的一种相对稳定状态。产业共生作为一种客观的经济现象，又可分为差异性产业共生和同质性产业共生两类，核心特征有融合性、互动性和协调性三点，此处的“融合”是指产业创新以及产品价值增值过程中形成的互补的连接关系，一般包括技术互补、产品供需、业务组合等形式。

生产性服务业向制造业生产环节提供中间服务，为制造业产品提升专业性和技能性，从这个意义上讲，生产性服务业本身就依赖于制造业对其的需求，同时，制造业的持续发展和价值提升也有赖于生产性服务业为其提供重要的知识、技术和服务要素，制造业产品附加值含量得到显著提升。显然，在制造业和生产性服务业具有明显的共生关系，产业共生理论可以被用来分析制造业和生产性服务业融合现象。

三、产业结构优化理论

（一）配第—克拉克定律

早在 1690 年，经济学家威廉·配第在《政治算术》一书中就写道：在荷兰“商业的收益最高、工业次之、而农业最少”①，因此，当时荷兰人当农民的很少，大部分人都从事制造业和商业，劳动力主要集中在人均收入较高的工业和商业部门。因此，配第指出，劳动力结构变化的根本在于产业间收入的差异，随着人均收入的提高，劳动力必然由农业转向工业，而后再转移到商业。他所揭示的由于经济的发展而引起产业结构演进的方向是西方经济理论中关于产业结构演进的最早、最朴素的论述。

后来，经济学家科林·克拉克依据费希尔（A. G. B. Fisher）在威廉·配第研究的基础上提出三次产业分类法②。并利用 20 多个国家部门劳动力投入和总产出的截面和时间序列数据对就业人口在不同产业中分布结构的变动趋势进行了深入的分析，结果发现，当收入较低时，劳动力主要集中在第一产业，而工业和服务业吸纳的劳动力较少，但是伴随着劳动生产率和收入水平的提高，第一产业释放出的大量剩余劳动力将逐步转移到第二产业，部分剩余劳动力会转移到服务业；而后随着社会经济的进一步发展，剩余劳动力将会再次转移到劳动第三产业，第三产业就业比重不断上升。因而第二和第三产业成为社会劳动力就业的核心产业，农业就业人口将大幅度下降，农业在社会经济发展中的地位也逐渐下降。由于克拉克的该研究是对配第发现规律

---

① ［英］威廉·配第．政治算术［M］．陈冬野，译．北京：商务印书馆，1978：19.

② 第一产业包括：农业、畜牧业、渔业、林业、狩猎业；第二产业包括：矿业、制造业、建筑业、公共事业、电力部门；第三产业包括：商业、运输业、行政、家庭服务、非物质性生产的其他产业。

的经验印证，因而该研究成果被称为配第—克拉克定律。

配第—克拉克定理主要揭示了随着经济的发展劳动力在三次产业之间顺次转移的规律。它指出随着经济的发展，劳动力会由收入较低的第一产业转向收入较高的第二产业，而后再转向收入更高的第三产业，并最终实现稳定，即人均收入水平越高，第一产业从业人员占全社会从人员的比重就越低，而第二、第三产业所占比重就越高，反之则反之。由于该结论不仅可以从同一时点上不同发展水平国家的截面数据中得到验证，而且还可以从同一国家不同时间的时间数列数据中得到验证，因此对后来的研究产生了很大的影响。

（二）库兹涅茨法则

在威廉·配第和科林·克拉克研究的基础上，美国著名统计学家、经济学家西蒙·库兹涅茨（S. Kuznets，1971）根据不同产业在生产中对资源需求种类和依赖程度的不同，用农业替代第一产业、工业替代第二产业、服务业替代第三产业。利用 20 多个国家的劳动力和人均国民收入数据从纵向和横向两个维度对经济发展和产业结构变动之间的关系进行更为深入透彻的分析。他指出，随着人均国民收入的提高，农业部门的产值占国民收入的比重和农业就业人员占总就业人员的比重都呈现下降趋势；而工业部门产值在国民收入中的比重不断上升，但其行业的就业人数基本不变或略有上升；服务业产值占国民收入中的比重不断上升，并且从业人口也不断增多，但总产值和劳动力所占的份额两者并不同步。他还进一步指出，随着经济的增长，服务业内部商业和其他服务业的从业人口数不断增长，其中金融、商业是服务业中最大的服务部门，接下来是个人服务业部门和政府部门。

库兹涅茨法则以人均国内生产总值为基准，揭示了三次产业就业和产值结构变动的一般规律。它不仅对配第—克拉克定理进行了验证，而且还进一步说明了产业结构变化的一般趋势。

（三）钱纳里等的"标准结构"

在库兹涅茨研究的基础上，著名经济学家钱纳里和赛尔奎因将研究的领域推广到低收入的发展中国家。通过对 1950 ~ 1980 年 101 个国家产业结构转变的影响因素分析，构造出揭示经济发展和产业结构变动的“世界发展模型”，即随着经济的持续发展，各国产业结构变动具有趋同和收敛的趋势。

他们认为任何国家和地区的经济发展都要经历以下六个阶段：现代社会阶段、后工业化阶段、工业化后期、工业化中期、工业化初期和不发达经济阶段。在不发达的经济阶段大量劳动力停滞在农业部门，国民经济主要由农业来支撑。当人均 GDP 达到 400 美元时，绝大多数国家第二产业增加值都会超过第一产业的增加值，完成初级产品生产阶段向工业化阶段的跨越，进入工业化阶段，此时大量劳动力从农业部门转向工业部门，工业、制造业成为国民经济的支柱产业，但在工业化的中期服务业已经开始发展，所占比重较小，到工业化后期，服务业开始高速发展并逐渐成为经济发展的重要力量；到现代社会以后，技术和知识密集型的服务业逐渐从服务业中分离出来，形成生产性服务业，服务业成为拉动经济增长的主要力量，服务业所占比重快速上升，同时吸纳大量剩余劳动力。

钱纳里“标准结构”的贡献在于不仅提供了分析、评价经济发展过程中结构组合是否“正常”的依据，同时还为决策部门制定结构转换政策提供了依据。

（四）工业结构演进规律

配第—克拉克定理和库兹涅茨定理勾画了随着经济发展三次产业变动的大致轮廓。但并没有涉及各产业内部结构的变动规律。由于一个国家的经济发展与工业的发展息息相关，人们也往往将经济发展的过程称为“工业化”过程。在工业化进程中，工业也有其演变的规律。一般认为，工业结构演进包括工业结构的重工业化、高加工度化、技术集约化等特征。

1. 工业结构的重工业化。20 世纪 30 年代德国经济学家霍夫曼在《工业化的阶段和类型》一书中对工业结构演进的重工化趋势进行了分析，提出了具有开创意义的霍夫曼定理，又称为“霍夫曼经验定理”。他将霍夫曼系数定义为消费资料工业部门净产值与资本资料工业部门净产值的比，并按霍夫曼系数大小将工业化时期分为四个阶段：第一阶段，霍夫曼系数为 5(±1)，消费品工业快速发展，并在制造业中占据主导地位；第二阶段，霍夫曼系数为 2. 5(±1)，虽然资本品工业发展速度开始上升，消费品工业发展速度有所下降，但它在制造业中的统治地位还很难动摇；第三阶段，霍夫曼系数为1(±0.5)，资本品工业继续发展并与消费品工业基本持平；第四阶段，霍夫曼系数小于1，资本品工业处于主导地位，标志着进入重工业阶段。随后霍夫曼根据各国资本品和消费品工业在工业化进程地位变化进行统计分析，得出随着一国工业化的进展，霍夫曼系数呈下降趋势。后来，学者们经过进一步的研究后发现，随着工业化进程的进展，霍夫曼比例数值会趋于稳定，即重工业发展到一定程度时会达到饱和，并且人均收入不同的国家霍夫曼比例数值的大小也会不同，但两者之间并不存在相关性，霍夫曼比例数值的大小主要与重工业内部结构有关。

2. 工业结构高度加工化。随着工业的进展，无论是重工业还是轻工业的重心都会由以原材料为主向以加工、组装等高度加工化为主转变。以原材料为重心的工业的发展速度会减缓，而以加工组装为重心的工业的发展速度会大大加快。随着工业加工程度的不断深化，工业增长对原材料的依赖程度会逐渐下降，从而降低对能源、资源的依赖度。

3. 工业结构技术集约化。在工业化的初期，轻工业是工业的主体，工业属于劳动密集型工业，但是随着工业化的推进，重工业所占比例越来越大，工业需要大量的资金来购进原材料，资金的地位凸显，工业由劳动密集型向资金密集型转变；此后，随着工业结构的进一步高度化，组装加工需要先进技术，技术在工业发展中的作用凸显，此时，工业具有技术密集的特征。因此，工业结构演变的趋势呈现工业重工业化、高加工化和技术集约化。

四、制造业与服务业融合促进产业结构优化升级理论

制造业服务化包括产出服务化和投入服务化两种，而投入服务化是指在制造业生产过程中由实物要素投入逐渐向服务要素投入转变的过程。它是优化制造业投入要素、促进产业结构调整的长期驱动力。制造业服务化可以驱动要素投入，而要素的投入又会拉动制造业服务化的需求，进而实现制造业乃至整个产业的结构螺旋式升级。这里主要从制造业服务化可以优化资源配置、促进企业科技创新、降低生产成本三个方面阐述制造业服务化对产业结构优化升级的影响机理。

1. 制造业服务化可以提高企业资源配置效率，从而促进产业结构优化升级。

生产性服务业原来是制造业当中的一部分，随着社会分工的发展，这些非核心的服务部门从制造业内部独立出来形成生产性服务业。对于制造业来说，服务外包一方面有利于企业可以将更多的精力和资源投入具有竞争优势的核心环节，优化资源配置；另一方面可以使企业专注于核心技术，充分挖掘并实现核心技术价值，通过专业知识、经验的不断积累，企业可以在资源要素投入较少的情况下生产出质量更好、品质更优、更能满足消费者需求的产品，提高要素的使用率。生产性服务业往往专精于一类或几类服务，往往能比制造业内部的服务提供更专业的服务，制造业生产中服务要素的投入，可以提高资源的利用效率。例如，金融服务要素的投入可以使企业融资约束得到一定的缓解，提高企业资金的流动性，优化制造业要素结构；互联网、电子商务服务要素的投入可以减少企业间信息间隔，提高企业生产运作效率；市场调研服务要素的投入可以减少企业和市场之间信息的不对称，及时调整生产。企业资源配置效率的提高有助于企业提高劳动生产率，从而促进产业结构优化升级。

2. 制造业服务化可以降低生产成本，从而促进产业结构优化升级。

对制造业来说，将不具有竞争优势的生产服务环节外包出去，可以更好地专注于生产的核心环节，把有限的资源分配到效率更高的部门，从而节约生产成本。另外，生产服务业的专业化具有规模经济效应，那些对技术和信息要求比较高的生产性服务业，虽然在发展初期需要大量的资金投入，但随着生产服务业的发展与完善，服务的成本会不断降低，制造业通过服务外包可以以较低的成本获得质量更优、效率更高的服务。内部生产成本的降低和外包服务要素成本的降低，使制造业单位成本显著降低，从而可以提高制造业生产效率，进而促进产业结构优化升级。具体来说，制造业信息服务化可以将厂商和市场直接对接，从而减少生产和营销成本，金融服务化可以降低企业融资成本，交通运输服务化可以节约交货时间，从而降低成本和风险等。

3. 制造业服务化可以促进科技创新，从而促进产业结构优化升级。

制造业服务化势必带来知识密集型产业聚集，提高地区信息化水平，加速技术密集型制造业与知识密集型生产性服务业的融合，形成要素的良性循环，从而吸引高素质人才的聚集。高素质人才的聚集一方面可以促进企业对生产流程进行改善，完善销售与营销，提高企业的经营水平和生产效率；另一方面来自外部的高知识、高技术人才还可以提高企业设计、研发和管理的软实力，从知识层面为制造业产业升级提供智力支持，优化制造业结构。

随着经济的发展，市场需求越来越复杂化，对企业技术水平的要求而也越来越高，而制造业很难凭自身经验进行技术创新，而生产性服务业中的知识和技术要素是促进制造业技术创新能力提高的主要驱动力，而制造业服务化的过程就是将生产服务业中的技术和知识融入制造业的生产过程，将高级的技术和服务要素转化为技术创新的能力，通过技术外溢推动制造业转型升级。

由此可见，制造业服务化通过高端要素的投入和聚集效应，为产业技术创新和产业升级提供了要素基础，从而促进产业结构的转型升级。

第二节　产业融合对中国产业结构优化影响实证研究

一、模型设定、变量选择与数据说明

（一）模型设定

本节的主要目的是分析制造业服务化对产业结构转型升级的影响，结合前面的分析，基准模型设定如下：

$$opt_{it} = \alpha_0 + \alpha_1 ms_{it} + \varphi X_{it} + \varepsilon_{it} \quad (2.1)$$

其中，i 表示地区，t 表示时间，变量 opt_{it} 表示产业结构转型升级，ms_{it} 为制造业服务化水平，X_{it} 为一系列控制变量，参考已有研究纳入以下对产业结构转型升级有重要影响的变量：政府干预程度（gov）、外商投资（fdi）和研发投入（r&d）三个变量，ε_{it} 为随机扰动项。

（二）变量选取

产业结构转型升级（opt）。参考以往学者研究，将产业结构转型升级界

定为产业发展由低形态逐渐向高形态转变并且所占比重不断增加，按照这一思路，参照干春晖（2011）和胡昭玲等（2017）做法，利用第三产业增加值与第二产业增加值之比来衡量产业结构转型升级。

制造业服务化（ms）。利用投入产出表计算制造业中间投入对服务业的直接依赖度。前面已有详细介绍，这里不再赘述。考虑到投入产出比表的非连续性和投入产出结构在短时间内难以发生改变，2008～2011 年的数据用 2007 年的结果来替代，2013～2016 年数据用 2012 年替代，2018～2019 年数据用 2017 年替代。

政府干预程度（gov）。政府对市场的干预可以调节资源配置，政府对经济活动的参与必然会对地区产业结构的转型升级产生影响。这里采用地方政府一般预算支出占 GDP 比重来表示政府对经济的干预程度。

外商投资（fdi）。以往研究表明，外商投资可以通过资金供给、人力资本、技术和产业关联等多种途径对地区产业结构产生影响。这里采用外商直接投资总额占 GDP 的比重来衡量。其中，外商直接投资额总额是按照当年汇率折算成人民币。

研发投入（r&d）。在《经济发展理论》一书中熊彼得曾指出，科技创新是经济增长的重要源泉，经济增长又会导致产业结构向高级化转变，科技创新是产业结构优化调整的驱动力。而研究经费投入的多少将直接影响地区科技创新的水平，因此这里用 R&D 内部经费支出强度来测度，即 R&D 内部经费支出占 GDP 的比重。主要变量的定义见表 2.2。

表 2.2　变量定义

变量类型	变量名称	符号表示	衡量指标
被解释变量	产业结构转型升级	Opt	利用第三产业增加值与第二产业增加值之比来衡量
核心解释变量	制造业服务化	ms	利用制造业中间投入对服务业的直接依赖度来衡量
控制变量	政府干预	gov	用地方政府一般预算支出占 GDP 比重来表示
	外商投资	fdi	用外商直接投资总额占 GDP 的比重来衡量
	研发投入	r&d	R&D 内部经费支出占 GDP 的比重

（三）数据来源

考虑到数据的可得性，本书以除西藏和港澳台地区之外中国 30 个省区市 2007 ~2019 年的数据作为样本，数据主要来源于 2007 年、2012 年、2017 年中国地区投入产出表以及《中国统计年鉴》《中国科技统计年鉴》和中国统计局网站。

二、各省区市制造业服务化水平对比分析

利用公式对全国 30 个省区市制造业服务化水平进行测算（见表 2. 3），发现样本期内服务总投入实现的服务化均值为 0. 131，最大值为 0. 191，最小值为 0. 073；由此可见各省区市服务化水平存在显著差异。

表 2. 3　各省区市制造业服务化水平

地区	2007 年	2017 年	均值	增幅	地区	2007 年	2017 年	均值	增幅
北京	0. 162	0. 229	0. 186	0. 067	湖南	0. 079	0. 154	0. 129	0. 075
天津	0. 240	0. 145	0. 168	-0. 095	江西	0. 168	0. 093	0. 115	-0. 074
河北	0. 095	0. 124	0. 104	0. 029	安徽	0. 157	0. 160	0. 153	0. 004
山东	0. 070	0. 081	0. 073	0. 011	辽宁	0. 101	0. 119	0. 111	0. 019
上海	0. 199	0. 159	0. 162	-0. 040	吉林	0. 036	0. 182	0. 126	0. 146
江苏	0. 088	0. 114	0. 094	0. 027	黑龙江	0. 136	0. 192	0. 157	0. 055
浙江	0. 106	0. 139	0. 120	0. 033	广西	0. 127	0. 144	0. 128	0. 017
广东	0. 077	0. 106	0. 091	0. 030	重庆	0. 084	0. 144	0. 112	0. 061
福建	0. 134	0. 082	0. 113	-0. 052	四川	0. 163	0. 143	0. 131	-0. 021
海南	0. 134	0. 205	0. 164	0. 071	贵州	0. 193	0. 192	0. 191	-0. 001
山西	0. 117	0. 137	0. 120	0. 020	云南	0. 232	0. 143	0. 174	-0. 089
内蒙	0. 208	0. 211	0. 162	0. 002	甘肃	0. 053	0. 161	0. 110	0. 108
河南	0. 113	0. 118	0. 117	0. 005	青海	0. 051	0. 144	0. 096	0. 093
陕西	0. 053	0. 102	0. 087	0. 049	宁夏	0. 127	0. 218	0. 153	0. 091
湖北	0. 124	0. 159	0. 122	0. 035	新疆	0. 139	0. 136	0. 155	-0. 002
均值	0. 125	0. 148	0. 131	—					
标准差	0. 053	0. 038	0. 031	—					

从变化趋势来看，样本期内 30 个省区市的制造业服务化水平基本上呈现不断上升的趋势，服务总投入实现的服务化水平的均值由 2007 年 0.125 提高到 2017 年的 0.148，标准差从 2007 年的 0.053 下降到 2017 年的 0.038，这表明随着时间的推移各省区市服务化水平的差异在不断的缩小。具体来看，服务总投入实现的服务化增长幅度排名前十位的分别是吉林、甘肃、青海、宁夏、湖南、海南、北京、重庆、黑龙江和陕西，这里仅海南和北京属于东部地区且排名比较靠后，其余八个都属于中部或西部地区；由此可见，东部地区制造业服务化水平的优势日渐消减，而发展相对落后的中西部地区制造业服务化水平却在大幅度提高，这可能主要得益于国家政策的调整，中西部地区在本地生产性服务业迅速发展的同时，引进区域外服务的能力也不断提升，从而服务化水平不断提高。

三、回归结果与分析

面板数据模型包括固定效应模型、随机效应模型和混合模型三种，在对模型进行估计之前，先用 F 检验、LM 检验和 Hausman 检验对模型的具体形式进行判断。检验的结果是在估计服务总投入对产业结构转型升级的影响时，应建立固定效应模型，具体估计结果见表 2.4。由表 2.4 可以看出，服务总投入实现的服务化系数为正，且在 1% 的显著水平下通过检验，说明当政府干预、外商投资和研发投入固定不变时，制造业服务化水平每提高 1 个单位，产业结构转型升级就平均提高 0.0124 个单位，制造业服务化对产业结构转型升级具有正向推动作用，制造业生产中通过增加服务要素的投入可以促进产业结构转型升级。政府干预变量在 1% 的显著水平下通过检验且估计系数为正，说明政府对经济活动的干预确实可以促进产业结构转型升级；外商投资对产业结构转型升级的影响为负且在 10% 的显著水平下通过检验，这可能是由外商投资产业结构布局偏差在一定程度上导致资源配置不合理造成的；研发投入估计系数为正且通过显著性检验，说明在其他变量不变的情况下研发投入每提高 1 个单位，产业结构优化程度就提高 0.433 个单位。

表 2.4　基准回归与两阶段最小二乘估计结果

	1	2
	FE	IV - 2SLS
ms	0.0124 *** [1.9948]	0.0111 *** [2.7177]
gov	0.0188 *** [1.8348]	0.0244 *** [3.6032]
fdi	-0.016 * [-0.5642]	-0.0225 * [-1.9094]
r&d	0.433 *** [3.7051]	0.456 *** [7.7738]
con	-0.0418 [-0.1437]	
Kleibergen - Paap rk LM 检验		64.342
Kleibergen - Paap rk Wald F 统计量		89.679
Sargan 统计量		1.092
R^2	0.6233	0.3992

注：[ ] 内的数值为 t 统计量值，*、*** 分别表示在 10%、1% 水平下的显著性。

四、稳健性检验

（一）内生性处理

制造业服务化与产业结构转型升级之间可能会存在双向因果关系，这会导致模型存在内生性，从而致使估计结果出现偏差。为了解决这一问题，这里采用两阶段最小二乘估计对回归模型重新进行估计，使用的工具变量为制造业服务化和外商投资一阶滞后项，估计结果见表 2.4。由表 2.4 中 Kleibergen - Paap rk LM 检验知，在 1% 的显著水平下模型拒绝工具变量不可识别这一原假设，模型的 Kleibergen - Paap rk Wald F 统计量值均大于 19.93（10% 显著水平的临界值），这说明工具变量与内生变量是相关的，不存在弱识别问题；Sargan 检验结果表明不存在过度识别问题。综合以上分析得出，模型工具变量的选取都是合适的。由表 2.4 的估计结果可知，控制模型的内生性后，模型中服务化系数仍然为正且通过显著性检验，与前面基准回归结果在逻辑上是一致的。这在一定程度上说明估计的结果具有一定的稳定性和可靠性。

（二）替换测度指标再检验

这里采用替换核心变量的方法对模型的稳定性进行检验。具体操作如下。

1. 替换被解释变量。产业结构转型升级可以从结构和效率两个方面来测度，前面利用结构指标来衡量产业结构转型升级，接下来采用劳动生产率①这一效率指标来测度产业结构转型升级并重新进行估计，估计结果见表2.5。由表2.5可看出，采用固定效应回归和两阶段最小二乘估计得到的结果无论是变量系数的大小还是显著性都没有明显差异，并且与表2.4中的结果在逻辑上也具有一致性，这说明估计结果是稳健的。

表2.5　替换被解释变量回归结果

	FE	IV-2SLS
ms	0.0812*** [4.8488]	0.0903*** [4.2017]
gov	0.0498*** [3.3800]	0.0438*** [2.6097]
fdi	-0.202*** [-4.3366]	-0.205*** [-3.9454]
r&d	3.881*** [17.2672]	4.011*** [13.0922]
con	-2.089*** [-4.4232]	
Kleibergen-Paap rk LM 检验		64.342
Kleibergen-Paap rk Wald F 统计量		89.679
Sargan 统计量		0.214
R^2	0.5625	0.5219

注：[ ] 内的数值为t统计量值，*** 表示在1%水平下的显著性。

2. 替换核心解释变量。利用直接消耗系数测度制造业服务化水平并再次

① 劳动生产率用总产出除以总就业人数来表示。

进行稳健性检验，估计的结果见表2.6。由表2.6可以看出，替换核心解释变量后三个模型中核心解释变量的系数符号和显著性与表2.4和表2.5的结果在逻辑上一致，这再次表明估计的结果是稳健的。

表2.6　　　　替换核心解释变量回归结果

	FE	IV-2SLS
ms	0.0177*** [4.0990]	0.0173*** [3.1037]
gov	0.0186*** [6.5497]	0.0242*** [3.5830]
fdi	-0.0157* [-1.7456]	-0.0220* [-1.8632]
r&d	0.429*** [9.9395]	0.452*** [7.6682]
con	-0.0432 [-0.4803]	
Kleibergen-Paap rk LM 检验		63.419
Kleibergen-Paap rk Wald F 统计量		94.579
Sargan 统计量		1.133
R^2	0.391	0.4035

注：[ ] 内的数值为t统计量值，*、*** 分别表示在10%、1%水平下的显著性。

第三节　产业融合对河南省产业结构优化影响实证研究

一、模型设定

已有研究（江小娟，2011）表明，在不同的经济发展水平下，服务业重点发展的部门会因人们需求的不同而不同，当经济发展水平较低时，人们的主要需求是生存消费，所以与人们生活需求密切相关的传统服务业会得到快速的发展。当经济发展水平较高时，人们的需求由基本生存消费向享受型消费转变，因此，与之相关的高端服务业会得到快速的发展。由此可见，服务业发展水平和质量与地区经济发展水平密切相关，从而导致导入制造业当中的生产性服务业的水平和质量也会存在差异。而服务化对产业结构优化升级的影响不仅与其水平有关还与其质量有关，因此可以预期不同地区服务化对产业结构优化的影响是不同的。所以这里使用变系数模型来进行分析（后续会对模型的具体形式进行检验），模型设定如下：

$$opt_{it} = \alpha_0 + \alpha_i ms_{it} + \varphi X_{it} + \varepsilon_{it} \tag{2.2}$$

其中，i 表示地区，t 表示时间，变量 opt_{it} 表示产业结构转型升级，ms_{it} 表示制造业服务化水平，X_{it} 为一系列控制变量，参考已有研究纳入以下三个变量作为控制变量：政府支出（gov）、外商投资（fdi）和研发投入（r&d）。ε_{it} 为随机误差。这里的变量和数据来源同前，就不再累述。

二、产业融合对产业结构高极化的影响

本部分基于式（2.2）来定量测算制造业服务化对河南省产业结构高级化的影响。常用的面板数据模型包括混合模型、变截距模型和变系数模型三类。为了避免模型设定出现的估计偏差，在估计之前先对模型的具体形式进行检验。首先检验模型是不是混合模型（即 pool 模型），如果检验的结果是保留原假设，即模型是混合模型；如果检验的结果是拒绝原假设，则接下来检验模型是变截距还是变系数模型，检验的结果如果是保留原假设，则建立变截距模型即可，如果是拒绝原假设，则建立变系数模型。根据以上思路就制造业总体服务化水平对产业结构高级化影响的具体模型进行检验，检验结果见表 2.7。由表 2.7 的结果可知，应建立变系数模型，即不同地区制造业服务化对产业结构高级化的影响是有差异的。

表 2.7　　　　模型设定检验结果

	假设 H_0	检验统计量值	临界值 5%	结论
高级化	pool 模型	819.21924	76.777803	拒绝 H_0
	变截距	243.04691	42.556968	拒绝 H_0
合理化	pool 模型	746.9809	76.777803	拒绝 H_0
	变截距	145.98193	42.556968	拒绝 H_0

注：这里两个检验的备择假设均为变截距变系数模型。

在模型设定的基础上，对制造业服务化对产业结构高级化的影响进行估计，由于这里关注的是河南省制造业服务化对产业结构优化的影响，所以表中仅给出了河南省的估计结果，具体结果见表 2. 8。由表 2. 8 可以看出，制造业服务化对产业结构高级化的影响系数为正，且在 10% 显著水平下通过检验，说明在控制政府干预、外商投资和研发投入的影响后，制造业服务化水平每变动 1 个单位，产业结构高级化程度就提高 0. 05202 个单位；由此可见，制造业服务化对产业结构高级化具有明显的促进作用，制造业生产中通过增加服务要素的投入可以提高产业结构高级化水平；再来看其他控制变量，政府干预对高级化的影响为正但未通过显著性检验；外商投资对产业结构高级化的影响显著为负，说明外商投资不利于产业结构高级化的提升；研发投入对高级化的影响显著为正，说明在其他变量不变的情况下科技创新有利于产业结构高级化，且科技投入每提高 1 个单位，产业结构高级化就提高 0. 436 个单位。

表 2. 8　　制造业服务化对产业结构优化影响回归结果

	高级化	合理化
ms	0. 05202 * [-2. 04]	-0. 03428 *** [-5. 00]
gov	0. 01088 [1. 38]	-0. 00304 ** [-2. 19]
fdi	-0. 0203 [-0. 79]	0. 00105 [0. 89]
r&d	0. 436 *** [4. 0679]	-0. 05511 *** [-2. 81]
c	-0. 187 [-0. 7872]	0. 2374 *** [-7. 8]

注：[ ] 内的数值为 t 统计量值，( ) 内的数值为检验的 p 值，*、**、*** 分别表示在 10%、5% 和 1% 水平下的显著性。高级化数值越大产业结构水平越高，合理化数值越小结构越优。由于关注的是河南省的情况，因而其他省区市回归的结果没有给出。

三、产业融合对产业结构合理化的影响

由表 2. 7 中合理化模型检验的结果可知，在研究制造业总体服务化对产

业结构合理化的影响时应建立变系数模型，具体估计结果见表 2.8。由表 2.8 中的结果可以看出，制造业服务化的系数为负且在 1% 水平下通过了检验，说明制造业服务化有利于产业结构合理化水平的提升，且制造业服务化水平每提高 1 个单位，产业结构合理化水平就提高 0.03428 个单位。控制变量政府干预对合理化的影响系数为负且通过检验，说明政府干预有利于产业结构合理化水平的提高；外商投资的系数为正但没有通过检验；科技创新的系数为负且通过了检验，说明科技创新有利于产业结构合理化。

综合上述分析不难发现，制造业总体服务化水平的提升不仅有利于产业结构高级化的提升，而且对产业结构合理化也具有推动作用，即制造业服务化对产业结构优化升级具有促进作用。政府干预对产业结构高级化的影响为显著，但可以促进产业结构合理化水平的提升；外商投资对产业结构优化的影响为负但不显著，说明外商投资不利于产业结构优化调整，这可能是由于当前外商投资存在产业结构布局偏差，在一定程度上不利于资源的合理配置造成的。科技创新对产业结构优化升级具有促进作用。

第四节　结论与启示

本章在分析产业结构优化内涵、产业结构优化理论、制造业与服务业融合理论以及制造业与服务业融合促进产业优化升级理论的基础上，利用 2007 ~ 2019 年的省际面板数据就全国和河南省制造业与服务业融合发展对产业结构优化升级的影响进行了实证研究。并得出以下结论：在全国范围内制造业服务化对产业结构优化升级存在明显的促进作用；在河南省制造业服务化对产业结构高极化和合理化均具有推动作用，但对产业结构高级化的影响大于对合理化的影响。

由此得到以下启示，为了实现产业结构的优化升级，解决当前经济发展中的“瓶颈”问题，就要不断提高制造业服务化水平，充分发挥制造业服务化对产业结构转型升级的促进作用。政府部门应充分认识到制造业服务化是促进产业结构优化升级的有效方式，加强顶层设计，制定促进制造业服务化的政策。具体可以从以下几个方面着手：

（1）加强财税支持，为企业服务化转型提供动力。为了鼓励制造业向服务化转型，政府可以通过降低企业税费的方式，给予税收优惠。

（2）建立完善的财政支持体系以推进服务化进程。对企业向服务化转型给予一定的补贴，降低企业经营负担；出台相关制度和政策，解决企业在向服务化转型中的融资难和融资贵的问题，为企业向服务化转型提供必要的资金支持。

（3）改善市场竞争机制，营造良好发展环境。不断破解服务业、制造业固化条块分割的行业管理政策，鼓励服务业与制造业两者融合发展；健全生产性服务业发展政策，不断推进生产性服务业体制改革，放宽生产性服务业的准入领域，消除各种行业垄断和壁垒，鼓励以多种社会资本形式发展生产性服务业，构建有利于竞争的市场环境，以提高服务行业的创新能力和供给能力。

| 第三章 |

制造业与服务业融合对产业结构优化影响的异质性

第二章研究结果表明，制造业服务化对产业结构优化升级具有推动作用，是当前突破我国经济发展中产业结构约束这一“瓶颈”的有效途径。但是不同制造业、不同来源服务业的技术存在显著差异，其融合发展对产业结构优化的推动作用也会有所不同，所以本章将从服务来源差异、制造业行业差异的视角就两者融合发展对产业结构优化的推动作用展开研究。

第一节 引 言

一、研究背景与意义

（一）研究背景

当前，全球贸易保护主义抬头，国际市场不确定性加大，企业国内生产要素成本不断上升，资源环境约束日益强化；再加上我国经济正处于“三期叠加”特殊阶段，使我们必须在平衡稳增长与调结构两者之间关系的过程中解决第二产业疲弱与第三产业乏力、化解过剩产能与防止经济失速、资源在传统行业与金融部门之间错配以及研发实力难以支持科技产业快速发展等结构性问题，产业结构转型升级紧迫。

纵观美国、欧洲等发达国家制造业服务化推动产业结构调整恢复经济的发展历程可以发现，制造业服务化向消费者提供“制造 + 服务”一体化解决方案，不仅可以更好地满足用户需求，增加制造业附加价值，提高综合竞争力；同时还能减少资源、能源等要素投入，降低企业生产成本，减轻环境污染，为产业结构转型升级提供了新的发展空间和重要推动力。

因此，制造业服务化对我国产业结构转型的影响如何，如何发挥制造业服务化在产业结构转型升级中的作用成为我国政府和学者关注的重要问题。

（二）研究意义

（1）理论价值。

本章将产业结构转型升级的研究定格在制造业服务化的视角，突破了传统产业结构升级调整的思想藩篱；对不同类型制造业服务化、不同来源服务投入服务化对产业结构转型升级是否存在差异性等问题行进系统分析讨论，具有一定的学术价值。

（2）应用价值。

目前产业结构不合理已经成为制约我国经济发展的一大“瓶颈”，从不同来源服务投入服务化、不同制造业服务化两个方面系统研究制造业服务化对产业结构转型升级的影响，可以为相关部门设计和实施发挥制造业服务化促进产业结构转型升级策略提供一定的理论依据。

二、文献综述

（一）制造业服务化与企业绩效

学界对服务化的绩效效应众说纷纭。有的认为虽然服务化企业盈利性整体上优于纯制造企业，但企业绩效与服务化程度之间却是负相关关系（Andy Neely，2008）；有的认为制造业服务化有利于企业扬长避短，获得竞争优势，从而有效提升企业的利润水平、绩效和全要素生产率（Vandermerwe & Rada，1988；姜铸、李宁，2015；吕越等，2017）；也有学认为两者之间的关系是非线性的（Ivanka Visnjic Kastalli，2013），在不同国家、不同行业服务化与绩效之间关系迥异，有的表现为“U”形关系（Reinartz & Vlaga，2008），有的则表现为“马鞍”形（Kastalli et al.，2013）；还有部分学者认为企业服务化战略的最终成效取决于企业所提供的服务能否与实体产品产生良好的互补协同性（Fang et al.，2008），制造业服务化影响是“双刃剑”式的，行业如果通过产业调整能实现增长，那么在服务化背景下行业的绩效与全要素生产率（TFP）就会自发出现“自我促进”的良性循环发展，反之，服务化也会放大对行业负面的影响，出现所谓的“服务化困境”（肖挺等，2016）。

（二）制造业服务化与价值链地位攀升

刘斌等（2016）、王思语等（2018）从微观视角分析了制造业服务对价值链的影响，得出制造业服务化提升了企业出口产品品质和出口产品的复杂度水平；陈秀英（2016）、罗军（2018）则在分析制造业服务化影响价值链机理的基础上，从宏观视角分析了制造业服务化对价值链地位的影响，得出制造业服务化有利于促进制造业全球价值链的攀升，且制造业投入服务化对制造业价值链地位的影响存在行业异质性。

（三）制造业服务化与产业升级

学术界有关制造业投入服务化对产业升级影响的研究主要集中在微观和中观两个层面。微观方面主要研究投入服务化对企业绩效的影响，所得观点也不尽相同。第一类观点认为，企业绩效与服务化程度之间是负相关关系（Andy Neely，2008）；第二类观点认为，制造业服务化有利于企业扬长避短，获得竞争优势，从而有效提升企业的利润水平、绩效和全要素生产率（Vandermerwe et al.，1988；姜铸等，2015；吕越等，2017）；第三类观点认为，两者之间的关系是非线性的，在不同国家、不同行业服务化与绩效之间关系迥异，有的表现为“U”形关系（Reinartz et al.，2008），有的则表现为“马鞍”形（Kastalli et al.，2013）。

而中观方面则主要从行业层面来论证服务化对产业升级的影响。学术界不仅分析从制造业服务化可以促进人力资本深化、专业化分工、降低交易成本、增强创新能力、产品差异化竞争五个方面分析了制造业服务化促进产业升级的机理（Grubel & Walker，1989；高传胜，2008；Jones & Kierzkowski，1989；Arndt & Kierzkowski，2001；Imbriani et al.，2014），而且还利用不同国家数据进行了实证研究，得出了不同的结论：一种观点认为，两者之间的关系是线性的。例如，周大鹏（2013）、张志醒等（2018）、唐国锋等（2020）研究得出制造业服务化可以促进制造业升级，但存在服务投入异质性。胡昭玲等（2017）利用跨国数据也得出制造业服务化可以促进产业结构转型升级，但存在服务投入异质性的结论。另一种观点则认为，两者之间并不是简单的线性关系，而是非线性的。例如，李琳等（2018）认为，制造业服务化与产业升级之间的关系大致可以分为三个阶段，在服务化发展的第一个阶段，服务化可以促进技术改进，提高全要素生产率，而在第二个阶段则会陷入“服务困境”进而抑制效率提高，第三个阶段则是突破困境，进而促进效率提高。当前我国整体上处于第二阶段。徐振鑫（2020）虽然也赞同两者之间关系大致可以分为三个阶段的观点，但他认为在服务化的第一个阶段，如果企业不能恰当处理服务化投资与资源配置之间的关系则会步入“服务化陷阱”，从而阻碍产业升级，一旦成功跨越这一阶段，服务化的正向效应就会显现出来，企业盈利能力提高，产业发展不断升级，随后，过度服务化的出现则会阻碍产业升级。夏秋等（2018）认为，在服务化水平较低时，服务化对全要素生产率的提高具有抑制作用，但经过拐点后具有促进作用，两者之间的关系呈“U”形分布。王岚（2020）认为，不同服务来源实现的服务化与全要素生产率之间的关系是不同的，国内服务投入实现的服务化与制造业全要素生产之间呈“U”形关系，而国外服务投入实现的服务化与全要素生产率之间的关系则呈倒“U”形。

由此可见，学术界对制造业服务化的效应进行了大量的研究，但现有研究仍存在不足之处。学术界在研究制造业服务化对产业结构转型升级影响时，多是从不同服务类型视角展开，鲜有从不同来源服务投入视角进行研究的，因而研究不够全面。

第二节　实事特征分析

一、服务来源异质性分析

考虑到当前区域经济发展一体化的事实特征，从投入的角度研究制造业服务化的经济效应时有必要区分不同服务业来源实现的服务化对产业结构优化的影响。在区分服务来源的基础上，本章对样本期内中国各省区市三种服务化水平（即制造业服务化、区域内服务化和区域外服务化）进行了计算，初步观察得到的特征和现象如下：

假设 H3－1：根据服务的不同来源，利用中国省际投入产出表对全国 30 个省区市（西藏、港澳台除外）制造业服务化的三种情况进行了计算，这里以 2017 年的结果为例。结果显示，总服务化投入实现的服务化虽然各省区市水平不尽相同，但总体来看发展水平不低，2017 年全国平均水平达到了 15.14%。由此可见，服务投入在制造业生产中占据一定位置。进一步从服务的不同来源来看，虽然除新疆外其余 29 个省区市区域内服务投入都占主导地位，但将各省区市区域外服务投入总服务投入的比重从小到大排序发现，各省区市区域外服务投入占总服务投入比重的中位数为 19.1%。由此可见，来自区域外的服务投入在制造业服务化发展中同样也扮演着重要的角色，区域外服务投入不容忽视。

假设 H3－2：从制造业服务化发展的变化趋势来看，2007～2017 年中国制造业服务化平均水平由 2007 年的 9.11% 提高到 15.14%，全国大多数省区市制造业服务化水平也都呈明显的上升趋势，仅天津、福建、江西、云南、新疆五个地区的服务水平出现了不同程度的下降。伴随着服务化水平的提高，绝大多数省区市来自区域内和区域外服务的投入也都呈现明显上升趋势，两种不同来源服务投入的共同增长促成了大多数地区制造业服务化水平的不断提高。从不同来源服务投入的结构变化来看，在 30 个省区市中，区域外服务投入占总服务投入比重上升的有 22 个，由此可见，在经济开放尤其是服务贸易自由化的背景下，与区域内服务投入一样，区域外服务投入在制造业服务化的进程中发挥着重要的作用，并且在样本区间内，后者的重要性在大数省区市显示出不断增强的迹象。

假设 H3－3：在不同来源的服务中，六类生产性服务业的构成比例存在差异，而不同服务部门所承载的知识、技术等要素也不同，因而服务投入来源不同可能会对制造业服务化的质量产生影响，进而会对产业结构转型升级产生不同的影响。

以上特征事实初步说明，在区域经济发展一体化的实践背景下，分析制造业服务化对产业结构优化的影响，如果忽略服务来源差异以及可能产生的差异影响问题，笼统地分析制造业服务化水平高低对产业结构优化的影响大小，所得结论可能会有所偏颇。依托不同来源服务投入实现的服务化对产业结构转型升级的影响是不同的。

二、行业异质性分析

一般来说，不同类型制造业中间投入服务要素的种类和数量也不尽相同，这使得对应的服务化也会存在差异，进而对产业结构优化的影响会存在差异。劳动密集型制造业劳动力投入占据主要地位，对专业和技术的要求较低，对服务中间品的变动不敏感；而资本和技术密集型制造业对资本和技术的依赖度较高，在生产中对服务要素的需求较多，既包含交通运输、批发零售这些生产经营所需的基本服务要素，还包括信息通信和专业科技这些高端服务，而这些不同要素的融入对产业结构转型升级的影响也是不同的。

第三节　产业融合对中国产业结构优化影响异质性研究

一、模型构建与变量选取

本章的主要目的是分析不同服务来源、不同类型制造业服务化对产业结构转型升级的影响，结合前面的分析，基准模型设定如下：

$$opt_{it} = \alpha_0 + \alpha_1 X_{it} + \varphi Y_{it} + \varepsilon_{it} \tag{3.1}$$

其中，i 表示地区，t 表示时间，变量 opt_{it} 表示产业结构转型升级，X_{it} 为制造业服务化水平，Y_{it} 为一系列控制变量，参考已有研究这里纳入以下对产业结构转型升级有重要影响的变量：政府干预程度（gov）、外商投资（fdi）和研发投入（r&d）三个变量，ε_{it} 为随机扰动项。所有变量定义见表 3.1。

表 3.1　　变量定义

变量类型	变量名称	符号表示	衡量指标
被解释变量	产业结构转型升级	Opt	利用第三产业增加值与第二产业增加值之比来衡量
核心解释变量	劳动密集型制造业服务化	lms	利用劳动密集型制造业中间投入对服务业的直接依赖度来衡量
	资本密集型制造业服务化	kms	利用资本密集型制造业中间投入对服务业的直接依赖度来衡量
	技术密集型制造业服务化	tms	利用技术密集型制造业中间投入对服务业的直接依赖度来衡量
	区域内服务投入服务化	dms	利用制造业中间投入对区域内服务业的直接依赖度来衡量
	区域外服务投入服务化	fms	利用制造业中间投入对区域外服务业的直接依赖度来衡量
控制变量	政府干预	gov	用地方政府一般预算支出占 GDP 比重来表示
	外商投资	fdi	用外商直接投资总额占 GDP 的比重来衡量
	研发投入	r&d	R&D 内部经费支出占 GDP 的比重

注：数据来源同第二章。

二、服务来源异质性实证研究

（一）各省区市区域内、区域外服务化水平对比分析

利用第一章中式（1.5）和式（1.6）对全国 30 个省区市两类制造业服务化水平进行测算（见表 3.2），发现样本期内区域内服务化均值为 0.104，最小值为 0.061，最大值为 0.146；区域外服务化的均值为 0.027，最小值为 0.004，最大值为 0.069。由此可见，各省区市服务化水平存在显著差异，且以区域内服务投入为主。

表 3.2　　各省区市制造业服务化水平

地区	区域内服务化				区域外服务化			
	2007 年	2017 年	均值	增幅	2007 年	2017 年	均值	增幅
北京	0.125	0.125	0.117	0	0.037	0.104	0.069	0.067
天津	0.132	0.11	0.115	－0.022	0.107	0.034	0.053	－0.073

续表

地区	区域内服务化				区域外服务化			
	2007 年	2017 年	均值	增幅	2007 年	2017 年	均值	增幅
河北	0.073	0.110	0.085	0.037	0.022	0.014	0.019	-0.008
山东	0.066	0.080	0.068	0.014	0.004	0.001	0.005	-0.003
上海	0.148	0.123	0.126	-0.025	0.050	0.036	0.035	-0.014
江苏	0.080	0.094	0.082	0.014	0.008	0.021	0.012	0.013
浙江	0.092	0.112	0.102	0.021	0.014	0.026	0.018	0.012
广东	0.072	0.088	0.080	0.016	0.005	0.019	0.012	0.014
福建	0.101	0.080	0.097	-0.022	0.033	0.002	0.016	-0.030
海南	0.118	0.144	0.126	0.026	0.016	0.061	0.038	0.045
山西	0.102	0.130	0.111	0.028	0.016	0.008	0.010	-0.008
内蒙	0.157	0.171	0.127	0.014	0.051	0.039	0.035	-0.012
河南	0.107	0.081	0.084	-0.026	0.005	0.037	0.033	0.032
陕西	0.042	0.070	0.061	0.027	0.011	0.032	0.027	0.021
湖北	0.116	0.143	0.114	0.027	0.008	0.016	0.008	0.008
湖南	0.077	0.142	0.122	0.065	0.002	0.012	0.008	0.010
江西	0.140	0.075	0.094	-0.065	0.028	0.018	0.021	-0.010
安徽	0.079	0.148	0.096	0.069	0.078	0.013	0.057	-0.065
辽宁	0.098	0.097	0.098	-0.001	0.003	0.023	0.013	0.020
吉林	0.031	0.101	0.077	0.070	0.004	0.081	0.048	0.076
黑龙江	0.127	0.146	0.135	0.019	0.009	0.046	0.021	0.037
广西	0.099	0.111	0.102	0.013	0.029	0.033	0.025	0.004
重庆	0.074	0.079	0.082	0.005	0.010	0.066	0.029	0.056
四川	0.163	0.133	0.127	-0.030	0.001	0.010	0.004	0.009
贵州	0.142	0.122	0.144	-0.020	0.051	0.070	0.047	0.019
云南	0.194	0.115	0.146	-0.079	0.038	0.028	0.028	-0.010
甘肃	0.044	0.155	0.099	0.112	0.009	0.006	0.011	-0.003
青海	0.046	0.123	0.084	0.077	0.005	0.020	0.012	0.016
宁夏	0.097	0.088	0.097	-0.009	0.030	0.130	0.056	0.100
新疆	0.100	0.094	0.106	-0.006	0.039	0.042	0.048	0.003
均值	0.101	0.113	0.104	—	0.024	0.035	0.027	—
标准差	0.038	0.027	0.022	—	0.024	0.029	0.018	—

从变化趋势来看：样本期内30个省区市的两类制造业服务化水平基本上呈现不断上升的趋势，区域内服务化的均值、区域外服务化的均值分别由2007年的0.101、0.024分别提高到2017年的0.113和0.035；区域内服务化的标准差从2007年的0.038下降到2017年的0.027，而区域外服务化的标准差基本不变，这表明随着时间的推移各省区市服务化水平的差异在不断缩小。具体来看，区域内服务化增幅前十名分别为甘肃、青海、吉林、安徽、湖南、河北、山西、陕西、湖北和海南，区域外服务化增长幅度前十名分别是宁夏、吉林、北京、重庆、海南、黑龙江、河南、陕西、辽宁和贵州。由此可见，无论是区域内服务投入还是区域外服务投入增长比较快的绝大多数都是中西部地区，东部地区制造业服务化水平的优势日渐消减，而发展相对落后的中西部地区制造业服务化水平却在大幅度提高，这可能主要得益于国家政策的调整，中西部地区在本地生产性服务业迅速发展的同时，引进区域外服务的能力也不断提升，从而服务化水平不断提高。

（二）回归结果与分析

考虑到服务来源异质性，这里将制造业中间投入的服务分为区域内和区域外两部分，分别研究两类服务投入实现的服务化对产业结构转型升级的影响。面板数据模型包括固定效应模型、随机效应模型和混合模型三种，在对模型进行估计之前，先用F检验、LM检验和Hausman检验对模型的具体形式进行判断。检验的结果是在研究不同来源服务投入实现的服务化对产业结构转型升级的影响时，都应建立固定效应模型，估计结果见表3.3。由表3.3可以看出，区域内服务化估计系数为正，并在1%的显著水平下通过检验，表明制造业生产过程中区域内服务投入确实可以促进产业结构转型升级，并且服务化程度每提高1个单位，产业结构优化程度就平均提高0.00897个单位；区域外服务化的系数为0.0233，并通过了显著性检验，表明制造业生产中区域外服务投入对产业结构转型升级也存在促进作用。通过上述分析发现，制造业生产中服务投入可以促进产业结构的升级，但不同来源服务投入实现的服务化对产业结构转型升级影响效果存在差异。

表 3.3　　基准回归与两阶段最小二乘估计结果

变量	1	2	3	4
	FE	FE	IV - 2SLS	IV - 2SLS
dms	0.00897** [1.9876]		0.00689* [1.4773]	
fms		0.0233*** [4.1417]		0.0237** [2.5688]
gov	0.0192*** [6.6411]	0.0196*** [6.9556]	0.0247*** [3.6484]	0.0254*** [3.7421]
fdi	-0.0160* [-1.7482]	-0.0171* [-1.9093]	-0.0226* [-1.9432]	-0.0234** [-1.9961]
r&d	0.434*** [9.8590]	0.422*** [9.7696]	0.460*** [7.8714]	0.444*** [7.5783]
con	0.0132 [0.1389]	0.0548 [0.6543]		
Kleibergen - Paap rk LM 检验			55.802	31.513
Kleibergen - Paap rk Wald F 统计量			82.744	94.715
Sargan 统计量			0.91	1.112
R^2	0.6033	0.6132	0.3788	0.399

注：[ ] 内的数值为 t 统计量值，*、**、*** 分别表示在 10%、5% 和 1% 水平下的显著性。

再来看政府干预变量，在 1% 的显著水平下通过检验且估计系数为正，说明政府对经济活动的干预确实可以促进产业结构转型升级；外商投资对产业结构转型升级的影响为负且在 10% 的显著水平下通过检验，这可能是由外商投资产业结构布局偏差在一定程度上导致资源配置不合理造成的；研发投入估计系数为正且通过显著性检验，说明在其他变量不变的情况下研发投入每提高 1 个单位，产业结构优化程度就提高 0.422 到 0.46 个单位。

（三）稳健性检验

1. 内生性处理。

制造业服务化与产业结构转型升级之间可能会存在双向因果关系，这会导致模型存在内生性，从而致使估计结果出现偏差。为了解决这一问题，采用两阶段最小二乘估计对基准回归中的两个模型重新进行估计，使用的工具变量为制造业服务化和外商投资一阶滞后项，估计结果见表3.3。由表3.3中Kleibergen - Paap rk LM检验可知，在1%的显著水平下两个模型均拒绝工具变量不可识别这一原假设，两个模型的Kleibergen - Paap rk Wald F统计量值均大于19.93（10%显著水平的临界值），这说明工具变量与内生变量是相关的，不存在弱识别问题；Sargan检验结果表明，两个模型均不存在过度识别问题。综合以上分析得出：这两个模型工具变量的选取都是合适的。由表3.3的第3列至第4列估计结果可知，控制模型的内生性后，两个模型中服务化系数仍然为正且通过显著性检验，并且区域外服务化系数大于区域内服务化系数，与前面基准回归结果在逻辑上是一致的。这在一定程度上说明估计的结果具有一定的稳定性和可靠性。

2. 替换测度指标再检验。

这里采用替换核心变量的方法对模型的稳定性进行检验。具体操作如下：

（1）替换被解释变量。产业结构转型升级可以从结构和效率两个方面来测度，前面利用结构指标来衡量产业结构转型升级，接下来采用劳动生产率（该指标计算方法同第二章）这一效率指标来测度产业结构转型升级并重新进行估计，估计结果见表3.4。由表3.4看出，对同一模型来说，采用固定效应回归和两阶段最小二乘估计得到的结果无论是变量系数的大小还是显著性都没有明显差异，并且与表3.3中的结果在逻辑上也具有一致性，这说明估计结果是稳健的。

表3.4　　替换被解释变量回归结果

	固定效应回归		两阶段回归	
	1	2	3	4
dms	0.0668 *** [2.8381]		0.0883 *** [3.2920]	
fms		0.140 *** [4.7881]		0.141 *** [3.3099]
gov	0.0517 *** [3.4285]	0.0552 *** [3.7582]	0.0435 ** [2.5417]	0.0510 *** [3.2209]

续表

	固定效应回归		两阶段回归	
	1	2	3	4
fdi	-0.201 *** [-4.2266]	-0.209 *** [-4.4814]	-0.203 *** [-3.8242]	-0.211 *** [-4.0248]
r&d	3.897 *** [16.9542]	3.817 *** [16.9594]	4.061 *** [12.6747]	3.944 *** [13.0400]
con	-1.803 *** [-3.6447]	-1.431 *** [-3.2784]		
Kleibergen - Paap rk LM 检验			55.802	31.513
Kleibergen - Paap rk Wald F 统计量			82.744	94.715
Sargan 统计量			0.271	0.307
R^2	0.544	0.5619	0.502	0.5159

注：[ ] 内的数值为 t 统计量值，**、*** 分别表示在5%和1%水平下的显著性。

（2）替换核心解释变量。利用直接消耗系数测度制造业服务化水平并再次进行稳健性检验，估计的结果见表3.5。由表3.5可以看出，替换核心解释变量后三个模型中核心解释变量的系数符号和显著性与表3.4和表3.3的结果在逻辑上一致，这再次表明估计的结果是稳健的。

表3.5　　　　替换核心解释变量回归结果

	固定效应回归		两阶段回归	
	1	2	3	4
dms	0.0139 ** [2.2882]		0.0133 ** [2.1686]	
fms		0.0307 *** [4.1574]		0.0320 *** [2.6075]
gov	0.0190 *** [6.5730]	0.0195 *** [6.9226]	0.0244 *** [3.6057]	0.0252 *** [3.7450]
fdi	-0.0157 * [-1.7193]	-0.0170 * [-1.8932]	-0.0222 * [-1.9043]	-0.0232 ** [-1.9790]

续表

	固定效应回归		两阶段回归	
	1	2	3	4
r&d	0.433 *** [9.8506]	0.422 *** [9.7615]	0.459 *** [7.8231]	0.443 *** [7.5524]
con	0.00522 [0.0557]	0.0576 [0.6880]		
Kleibergen - Paap rk LM 检验			51.936	30.988
Kleibergen - Paap rk Wald F 统计量			88.516	93.17
Sargan 统计量			0.934	1.139
R^2	0.3715	0.3917	0.3825	0.3988

注：[ ] 内的数值为 t 统计量值，*、**、*** 分别表示在 10%、5% 和 1% 水平下的显著性。

由此可见，区域内服务投入与区域外服务投入实现的服务化对产业结构优化升级均具有推动作用，但区域外服务化对产业结构优化的影响更大。

三、制造业行业异质性实证研究

（一）回归结果与分析

为了考察不同制造业服务化对产业结构转型升级的影响，这里按照前面制造业的分类方法，将制造业分为劳动密集、资本密集和技术密集三种，利用式（3.1）来定量测算不同类型制造业服务化对产业结构转型升级的影响。如果模型设计中存在遗漏变量或制造业服务化与产业结构转型升级之间存在双向因果关系都会导致模型出现内生性，从而使估计结果出现系统性偏差。为了解决这一问题，这里采用两阶段最小二乘估计对模型进行估计，使用的工具变量为制造业服务化和研发投入一阶滞后项，估计结果见表 3.6。由表 3.6 第 2 列中 Kleibergen - Paap rk LM 检验可知，在 1% 的显著水平下模型拒绝工具变量不可识别这一原假设；Kleibergen - Paap rk Wald F 统计量值大于 19.93（10% 显著水平下的临界值），说明工具变量与内生变量是相关的，不存在弱识别问题；Sargan 检验结果表明，模型不存在过度识别问题。综合以上分析得出，这里工具变量的选取是合适的。

表 3.6　　不同类型制造业服务化回归结果

	1	2	3
lms	0.00585 * [1.6668]		
kms		0.00661 * [1.9477]	
tms			0.0122 *** [2.9613]
gov	0.0255 *** [3.7882]	0.0245 *** [3.6655]	0.0250 *** [3.9027]
fdi	-0.0217 * [-1.8765]	-0.0229 * [-1.9334]	-0.0246 ** [-2.1439]
r&d	0.449 *** [7.6719]	0.461 *** [7.8377]	0.472 *** [8.2153]
Kleibergen-Paap rk LM 检验	43.253	72.594	61.084
Kleibergen-Paap rk Wald F 统计量	49.723	126.19	75.905
Sargan 统计量	2.486 (0.1149)	2.569 (0.109)	3.434 (0.0639)
R^2	0.3833	0.3855	0.4106

注：[ ] 内的数值为 t 统计量值，( ) 内的数值为检验的 p 值，*、**、*** 分别表示在 10%、5% 和 1% 水平下的显著性。

回归结果表明，控制模型内生性之后，劳动密集型制造业服务化系数为正且在 10% 的显著水平下通过了检验，这说明在其他变量控制不变的情况下，劳动密集型制造业服务化程度每提高 1 个单位，产业结构优化程度就提高 0.00585 个单位；资本密集型制造业服务化系数和技术密集型制造业服务化系数也为正并通过了显著性检验，这表明资本密集型制造业服务和技术密集型制造业服务对产业结构升级也存在促进作用，并且资本密集型制造业服务化、技术密集型制造业服务化程度每增加 1 个单位，产业结构优化程度就分别提高 0.00661 个单位和 0.0122 个单位。技术密集型制造业服务化对产业结构优化的促进作用最大。

不同类型制造业服务化对产业结构优化调整的影响存在一定的差异，产生这种现象的原因可能是技术密集型制造业投入的服务多是科技研发等高级服务，而劳动密集型制造业与资本密集型制造业投入的服务多是专业化程度比较低的传统服务，与科技研发高端服务相比，传统服务的投入不能很好地改善制造业的投入结构，所以对产业结构优化调整作用有限。通过上述分析可见，制造业服务化可以促进产业结构转型升级，但是不同制造业之间存在差异，存在行业异质性。

在这三个模型中，政府干预变量在1%的显著水平下通过检验且估计系数为正，说明政府对经济活动的干预确实可以促进产业结构转型升级；外商投资对产业结构优化的影响为负并且在10%的显著水平下通过检验，这可能是由外商投资产业结构布局偏差在一定程度上导致资源配置不合理造成的；研发投入估计系数为正且通过显著性检验，说明在其他变量不变的情况下研发投入也可以促进产业结构优化升级。

（二）模型稳健性检验

为了对本章结论的可靠性进行检验，采用替换核心解释变量的方法对模型的稳定性进行检验。利用直接消耗系数测度制造业服务化水平，并对前面回归模型进行回归，估计的结果见表3.7。

表3.7 基准回归稳健性检验

	劳动密集型制造业	资本密集型制造业	技术密集型制造业
lms	0.0125 *** [2.5966]		
kms		0.00876 ** [2.0099]	
tms			0.0158 *** [3.0764]
gov	0.0246 *** [3.6180]	0.0245 *** [3.6793]	0.0233 *** [3.3935]

续表

	劳动密集型制造业	资本密集型制造业	技术密集型制造业
fdi	-0.0196*	-0.0228*	-0.0231**
	[-1.6944]	[-1.9323]	[-1.9896]
r&d	0.441***	0.460***	0.477***
	[7.3730]	[7.8077]	[8.1635]
LM 检验	45.329	71.003	53.282
	62.095	124.259	63.466
	2.543	2.53	3.248
	-0.1108	-0.1117	-0.0715
R^2	0.3879	0.3837	0.4043

注：[ ] 内的数值为 t 统计量值，( ) 内的数值为检验的 p 值，*、**、*** 分别表示在 10%、5% 和 1% 水平下的显著性。

由表 3.7 可以看出，三个模型在进行两阶段最小二乘估计时，工具变量的选取都是合适的（工具变量与前面相同）。将表 3.7 与表 3.6 的结果进行对比，可以发现将核心解释变量进行替换后，三个模型中核心解释变量制造业服务化以及控制变量系数的符号与显著性基本不变，这说明基准回归的结果是稳健的。

第四节　产业融合对河南省产业结构优化影响异质性研究

一、模型设定与变量选择

这里将模型的基本形式设定如下：

$$opt_{it} = \alpha_0 + \alpha_1 X_{it} + \varphi Y_{it} + \varepsilon_{it} \tag{3.2}$$

其中，i 表示地区，t 表示时间，变量 opt_{it} 表示产业结构转型升级，X_{it} 为制造业服务化水平，Y_{it} 为一系列控制变量，参考已有研究这里纳入以下对产业结构转型升级有重要影响的变量：政府干预程度（gov）、外商投资（fdi）和研发投入（r&d）三个变量，ε_{it} 为随机扰动项。所有变量定义和来源同前，这里不再累述。

二、服务来源异质性分析

考虑到服务来源异质性，这里将河南省制造业中间投入的服务分为区域内和区域外两部分，分别研究两类服务投入实现的服务化对河南产业结构优化的影响。通过检验发现仍应建立变系数模型，检验结果见表 3.8。从估计的结果来看（见表 3.9），区域内服务化对河南产业结构高级化的影响系数为负且未通过检验，而对合理化的影响为正并通过了显著性检验，这表明制造业生产过程中区域内服务投入对产业结构高级化的影响不显著，对合理化的影响显著但不利于合理化，总的来说，河南省区域内服务化不利于产业结构优化升级。

表 3.8　服务来源异质性模型设定检验结果

	高级化		合理化	
	区域内	区域外	区域内	区域外
假设 H_0	pool 模型	pool 模型	pool 模型	pool 模型
检验统计量值	728. 96484	846. 71411	727. 0999	710. 67108
临界值 5%	76. 777803	76. 777803	76. 777803	76. 777803
结论	拒绝 H_0	拒绝 H_0	拒绝 H_0	拒绝 H_0
假设 H_0	变截距	变截距	变截距	变截距
检验统计量值	138. 21921	239. 09203	127. 14771	99. 361816
临界值 5%	42. 556968	42. 556968	42. 556968	42. 556968
结论	拒绝 H_0	拒绝 H_0	拒绝 H_0	拒绝 H_0

表 3.9　服务来源异质性回归结果

	高级化		合理化	
dms	−0. 0109 [−0. 78]		0. 00703 *** [4. 24]	
fms		0. 01246 *** [−209. 94]		−0. 00604 *** [−4. 33]

续表

	高级化		合理化	
gov	0. 0124 [1. 43]	0. 013 [1. 46]	-0. 00298 ** [-2. 38]	-0. 00417 ** [-2. 55]
fdi	-0. 0245 [-0. 9]	-0. 0214 [-0. 81]	0. 00237 * [2. 01]	0. 00092 [0. 67]
r&d	0. 4460 *** [3. 51]	0. 381 *** [2. 86]	-0. 0645 *** [-3. 28]	-0. 0448 ** [-2. 43]
c	-0. 1359 [-0. 56]	0. 287 [1. 01]	0. 4915 *** [15. 78]	0. 3888 *** [9. 92]

注：[ ] 内的数值为 t 统计量值，( ) 内的数值为检验的 p 值，*、**、*** 分别表示在 10%、5% 和 1% 水平下的显著性。

区域外服务化对河南省产业结构高级化影响系数为 0. 01246，并在 1% 的显著水平下通过检验；对合理化的影响系数为 -0. 00604 且通过检验，表明区域外服务化不仅可以提高产业结构高级化水平，而且可以提高合理化水平。

通过上述分析发现，区域内服务投入不利于产业结构优化升级，而区域外服务投入对产业结构优化升级具有推动作用，不同来源服务投入对产业结构优化升级影响效果存在差异。

三、制造业行业异质性分析

为了考察河南省不同制造业服务化对产业结构优化的影响，这里按照前面制造业的分类方法，将制造业分为劳动密集型、资本密集型和技术密集型三种，研究不同制造业服务化对河南省产业结构优化的影响。模型选择检验的结果显示，三种类型制造业服务化对产业结构优化影响的模型均应建立变系数面板数据模型（见表 3. 10）。

由表 3. 11 中估计结果知，河南省劳动密集型制造业服务化对产业结构高级化影响系数为 0. 06107 且在 1% 的显著水平下通过了检验，而对合理化的影响系数为 -0. 00268 且在 1% 的水平下通过检验，这说明在其他变量控制不变的情况下，劳动密集型制造业服务化程度每提高 1 个单位，产业结构高级化程度就提高 0.06107 个单位，合理化水平提高 0.00268 个单位，劳动密集型制造业服务化可以促进产业结构优化升级。

表 3.10　河南省制造业行业异质性模型设定检验

	高级化			合理化		
	劳动密集型	资本密集型	技术密集型	劳动密集型	资本密集型	技术密集型
假设 H_0	pool 模型	pool 模型	pool 模型	pool 模型	pool 模型	pool 模型
检验统计量值	694.78366	749.56964	789.29565	707.6994	847.1319	823.2647
临界值 5%	76.777803	76.777803	76.777803	76.777803	76.777803	76.777803
结论	拒绝 H_0	拒绝 H_0	拒绝 H_0	拒绝 H_0	拒绝 H_0	拒绝 H_0
假设 H_0	变截距	变截距	变截距	变截距	变截距	变截距
检验统计量值	120.7984	156.01808	164.33533	100.35718	240.42078	224.13586
临界值 5%	42.556968	42.556968	42.556968	42.556968	42.556968	42.556968
结论	拒绝 H_0	拒绝 H_0	拒绝 H_0	拒绝 H_0	拒绝 H_0	拒绝 H_0

表 3.11　河南省不同类型制造业服务化回归结果

	高级化			合理化		
	劳动密集型	资本密集型	技术密集型	劳动密集型	资本密集型	技术密集型
ms	0.06107 ***	0.00456	−0.0221 *	−0.00268 ***	−0.00624	0.00553 *
	[−12.4]	[1.14]	[−1.94]	[−2.81]	[−0.80]	[1.89]
gov	0.0197	0.0096	0.01446	−0.00495 **	−0.00269 **	−0.00399 **
	[1.52]	[1.27]	[1.46]	[−2.44]	[−2.16]	[−2.44]
fdi	−0.02098	−0.01597	−0.0316	0.001616	0.00168	0.00368
	[−0.76]	[−0.57]	[−1.23]	[0.78]	[1.10]	[1.66]
r&d	0.4066 ***	0.4835 ***	0.421 ***	−0.0500 **	−0.0586 ***	−0.0377 *
	[2.85]	[4.28]	[3.33]	[−1.99]	[−2.97]	[−1.84]
c	−0.1669	0.108	−0.0081	0.4134 ***	0.2103 ***	0.5063
	[−0.53]	[0.37]	[−0.03]	[9.58]	[6.77]	[15.67]

注：[ ] 内的数值为 t 统计量值，( ) 内的数值为检验的 p 值，*、**、*** 分别表示在 10%、5% 和 1% 水平下的显著性。

河南省资本密集型制造业服务化对高级化的影响系数为正，对合理化的影响系数为负且均未通过显著性检验，这表明资本密集型制造业服务化虽然可以促进产业结构优化，但作用不显著。

技术密集型制造业服务化对高级化的影响系数为负，对合理化的影响系数为正并通过了显著性检验，表明现在阶段技术密集型制造业服务化不利于产业结构优化调整。理论上来看，技术密集型制造业服务化对产业结构优化的影响应该更大，而这里却是不利于产业产业结构优化调整，这可能是由于技术密集型企业资源配置与服务化投资关系处理不当，致使出现“服务化陷阱”，从而阻碍了产业结构优化升级。

不同类型制造业服务化对产业结构优化调整的影响存在一定的差异，产生这种现象的原因可能是虽然劳动密集型制造业技术含量较低，但它与投入服务的协调性较高，服务投入较好地改善了劳动密集型制造业的投入结构，所以对产业结构优化升级具有推动作用；技术密集型与资本密集型制造业虽然技术含量较高，但与投入服务协调性差等原因，致使对产业结构优化的促进作用未显示出来。通过上述分析可见，制造业服务可以促进产业结构优化升级，但是不同制造业之间存在差异。

四、稳健性检验

为了对本节结论的可靠性进行检验，这里采用替换核心解释变量的方法对模型的稳定性进行检验。利用直接消耗系数测度制造业服务化水平，并对上述模型进行估计，结果见表 3. 12 和表 3. 13。将表 3. 12 与表 3. 9 对比可以发现，将核心解释变量进行替换后，模型中核心解释变量制造业服务化以及控制变量系数的符号与显著性基本不变，表 3. 13 与表 3. 11 中对应模型中变量的符号与显著性也基本不变，这说明上述模型回归的结果是稳健的。

表 3. 12　　服务来源异质性稳健性检验

	高级化		合理化	
dms	-0. 01088 [1. 31]		0. 00974 *** [4. 87]	
fms		0. 0185 *** [-157. 48]		-0. 0078 *** [-4. 18]
gov	0. 0109 [1. 32]	0. 01304 [1. 46]	-0. 00322 ** [-2. 52]	-0. 0042 [-2. 59]

续表

	高级化		合理化	
fdi	-0.0235 [-0.87]	-0.0211 [-0.8]	0.001418 [1.29]	0.0008 [0.58]
r&d	0.434 *** [3.51]	0.3745 *** [2.83]	-0.0618 *** [-3.27]	-0.0453 ** [-2.45]
c	-0.027 [-0.11]	0.2996 [1.06]	0.4533 *** [17.35]	0.3903 *** [9.94]

注：[ ] 内的数值为 t 统计量值，( ) 内的数值为检验的 p 值，**、*** 分别表示在 5% 和 1% 水平下的显著性。

表 3.13　不同类型制造业服务化稳健性检验

	高级化			合理化		
	劳动密集型	资本密集型	技术密集型	劳动密集型	资本密集型	技术密集型
ms	0.0632 *** [-38.88]	0.0103 *** [4.2]	-0.0377 ** [-2.06]	-0.0037 *** [-8.94]	-0.0066 [0.45]	0.0088 * [-2.02]
gov	0.0151 [1.5]	0.00904 [1.22]	0.0153 * [1.7]	-0.00369 * [-1.98]	-0.00238 * [-1.92]	-0.0039 ** [-2.11]
fdi	-0.0212 [-0.79]	-0.0187 [-1.9323]	-0.0268 [-1.04]	0.0014 [0.72]	0.0017 [1.18]	0.0029 [1.46]
r&d	0.38361 *** [3.04]	0.450 *** [4.41]	0.379 *** [2.93]	-0.0565 ** [-2.51]	-0.0677 *** [-3.12]	-0.0396 *** [-1.87]
R^2	-0.1673 [-0.64]	0.0952 [0.4]	-0.049 [-0.18]	0.312 *** [9014]	0.0952 [0.4]	0.455 *** [14.79]

注：[ ] 内的数值为 t 统计量值，( ) 内的数值为检验的 p 值，*、**、*** 分别表示在 10%、5% 和 1% 水平下的显著性。

第五节　结论与启示

本章在定性分析制造业服务化对产业结构优化升级影响存在服务来源和行业类型异质性的基础上，运用 2012 ~ 2019 年的省级面板数据对全国和河南省进行了实证研究。结果发现：

在全国范围内，制造业服务化对产业结构转型升级影响存在服务投入来源和制造业行业异质性。区域内服务化与区域外服务化对产业结构转型升级均具有明显的促进作用，但两者作用效果不同，区域外服务化的边际效应较大；不同类型制造业服务化对产业结构调整的影响也存在差异，技术密集型制造业服务化对产业结构优化的促进作用最大，资本密集型次之，劳动密集型最小。

在河南省区域内，区域内服务化不利于产业结构优化升级，而区域外服务化对产业结构优化升级具有推动作用。对不同类型制造业来说，劳动密集型制造业服务化可以促进产业结构优化、资本密集型制造业对产业结构优化的促进作用为正但不显著，资本密集型制造业服务化不利于产业结构优化，这与全国的结论存在差异。

通过以上研究得到以下启示：

第一，为区域外服务引入创造便利条件，以充分发挥区域外服务化在产业结构转型升级中的推动作用。虽然区域外服务化水平远低于区域内服务化水平，但其在产业结构优化升级中推动作用却远远大于区域内服务化，这与区域外服务化投入质量较高是密不可分的。因此，在今后的发展中要逐渐放宽投资限制和贸易服务准入标准，不断推动服务贸易的便利化和自由化，把贸易自由化改革当作一项重要的政策措施来进行落实实施，不断推进贸易自由化进程，实现服务要素的互联互通，降低区域外生产服务进口成本，以提高制造业区域外服务化水平，同时充分发挥区域外服务的引领和溢出效应，提高区域内生产性服务业的发展质量。

第二，信息技术、专业技术这些知识科技含量比较的产业的增值能力也比较强，是未来经济发展和产业结构优化调整新生力量，政府部门应不断加强以这些新兴产业为核心的战略调整力度，积极引导经济向高端服务和高技术制造业方向发展，推动这些高端服务与高技术制造业的融合发展，以充分发挥技术密集型制造业服务化对产业结构优化升级的推动作用。

第三，要提高制造业服务化的水平和质量，必须扩大服务业开放力度。健全的监管体系和完善的市场环境是企业能否顺利推进服务化的重要保障，要加快生产服务业的发展，顺利推进制造业服务化在扩大服务业对内开放的同时还要实行对外开放。对内开放可以放宽生产性服务业的准入领域，消除各种行业垄断和壁垒，鼓励以多种社会资本形式发展生产性服务业。对外要逐渐放宽投资限制和贸易服务的准入标准，不断推动服务贸易的便利化和自由化，要把贸易自由化改革当作一项重要的政策措施来进行落实实施，不断推进贸易自由化进程，实现服务要素的互联互通，降低区域外生产服务进口成本，以提高制造业区域外服务投入水平和质量，同时充分发挥区域外服务的引领和溢出效应，提高区域内生产性服务业的发展质量。

| 第四章 |

制造业与服务业融合影响产业结构优化门槛特征分析

第三章的研究表明，制造业服务化对产业结构优化的影响不仅与服务来源、制造业行业相关，还与地区发展状况相关。这表明制造业服务化与产业结构优化之间可能存在非线性关系。所以本章将从地区服务业发展水平、经济发展水平两个方面分析制造业服务化对产业结构优化影响的机理，并考察两者在制造业服务化影响产业结构化中的调节效应。

第一节　理论分析

一、服务业发展水平调节作用分析

制造业服务化影响产业升级的机理是将生产性服务业的知识和技术不断导入制造业生产中，通过两者的融合、协调发展来推动制造业甚至是整个产业的升级。而生产性服务业发展水平的高低与当地服务业的发展水平密切相关。一般来说，当服务业发展水平较低时，生产性服务业的规模和质量也往往较低，制造业服务化影响产业结构调整的作用有限。但随着服务业发展水平的提高，生产性服务业的规模和质量不断提高，导入制造业当中的生产性服务业的数量提高的同时，质量也会得到改善，制造业投入要素得到优化，从而促进产业结构调整的作用也会增强。

另外，在服务业发展的不同阶段，生产性服务业中各部门的发展也存在差异，为了满足地区制造业生产的需求，制造业生产中投入的区域内和区域外的服务也会存在差异，因而对产业结构的影响也会不同。

基于上述分析提出假设 H4－1：服务业发展水平在制造业服务化促进产业结构转型升级中发挥着重要的作用，存在服务业发展水平门槛。当服务业发展水平跨越一定的门槛后，制造业服务化对产业结构调整的促进作用增强，并且这种作用会存在服务投入来源异质性。

二、经济发展水平调节作用分析

已有研究（江小娟，2011）表明，在经济发展的不同阶段，服务业重点发展的部门会因人们需求的不同而不同，当经济发展水平较低时，人们的主要需求是生存消费，所以与人们生活需求密切相关的传统服务业会得到快速的发展；当经济发展水平较高时，人们的需求由基本生存消费向享受型消费转变，与此相关的高端服务会得到快速的发展。因此，随着经济的发展，导入制造业当中的生产性服务业的质量不断提高，制造业投入要素得到优化，从而对产业结构优化调整的促进作用增强。

经济发展阶段不同，制造业对服务业的需求也不同，再加上不同时期服务贸易自由化程度的差异，最终会导致制造业区域内、外服务投入的不同，进而对产业结构调整的影响产生差异。

基于上述分析提出假设 H4－2：制造业服务化对产业结构转型升级的影响存在经济发展水平门槛特征。经济发展阶段不同，服务化对产业结构转型升级的影响是不同的，并且这种作用存在服务来源异质性。

第二节　制造业总体与服务业融合对产业结构优化的影响

第一节的理论分析表明，服务业和经济发展水平的不同，可能会导致制造业服务化质量与水平的不同，因此接下来选取服务业发展水平、经济发展水平作为门槛变量进行门槛回归，考察制造业服务化与产业结构优化之间是否存在非线性影响。

一、模型构建

为了检验制造业服务化与产业结构优化升级之间的非线性关系，这里借鉴 Hansen（1999）的研究思路，并在前面章节模型基础上，以服务业发展水平（serl）和经济发展水平（agdp）为门槛变量构建门槛模型如下：

$$opt_{it}=\alpha_0+\alpha_1 ms_{it}\times I(serl\leqslant\gamma)+\alpha_2 ms_{it}\times I(serl>\gamma)+k\varphi X_{it}+\varepsilon_{it} \quad (4.1)$$

$$opt_{it}=\alpha_0+\beta_1 ms_{it}\times I(agdp\leqslant\delta)+\beta_2 ms_{it}\times I(agdp>\delta)+\rho X_{it}+\varepsilon_{it} \quad (4.2)$$

其中，i 表示地区，t 表示时间，opt_{it}表示产业结构转型升级，ms_{it}表示制造业服务化水平，X_{it}为一系列控制变量，ε_{it}为随机误差。γ 和 δ 为待估门槛值，I(·)为示性函数。模型中被解释变量、核心解释变量和控制变量的定义和符号同前面章节一致，门槛变量定义与符号如下：

服务业发展水平（serl）。用服务业增加值占 GDP 比重来表示。

经济发展水平（agdp）。国民收入水平是地区经济发展水平的直接体现，用人均 GDP 来表示。

并且为了使数据可比性，利用物价指数将人均 GDP 进行了消涨处理。

二、服务业发展水平调节效应检验

（一）制造业总体服务化门槛效应

在门槛回归估计之前，先对模型是否存在门槛效应以及门槛值是否合适进行检验，表 4.1 报告了门槛个数检验的结果。由表 4.1 可以看出，在服务业发展水平门槛模型中，制造业服务化单一门槛和双重门槛效应均拒绝原假设（不存在门槛效应），而三重门槛效应则是不拒绝原假设，因此应建立双重门槛效应模型，且门槛值为 43.9901 和 65.3131。接下来对该模型进行门槛值真实性检验，由图 4.1 检验的结果可知，在 5% 的显著水平下似然比检验无法拒绝门槛值为真实的这一原假设，即门槛值的选取是合适的。综合以上述分析，分析服务业发展水平在制造业服务化对产业结构优化影响中的调节效应时应建立双重门槛归回模型。同理，由表 4.1、图 4.2 和图 4.3 可以看出，以服务业发展水平为调节变量，考察区域内服务化对产业结构优化影响调节效应时应建立双重门槛模型，门槛值为 49.0794 和 61.0267；而分析区域外服务化对产业结构优化影响调节效应时应建立单一门槛效应，门槛值为 61.0267。

表 4.1 制造业服务水平门槛效果自抽样检验及门槛估计

模型	F 值	p 值	门槛值	95% 置信区间
制造业服务化				
单一门槛	78.97	0.0467	49.0794	[48.8086 49.3185]
双重门槛	128.52	0.0033	65.3131	[60.4747 70.7314]
三重门槛	96.03	0.6400		
区域内服务化				
单一门槛	88.01	0.0533	49.0794	[48.8057 49.1130]
双重门槛	58.915	0.0800	61.0267	[60.2369 61.9850]
三重门槛	66.39	0.8033		
区域外服务化				
单一门槛	126.56	0.0000	61.0267	[59.9524 61.9850]
双重门槛	42.58	0.2000		
三重门槛	27.73	0.9667		

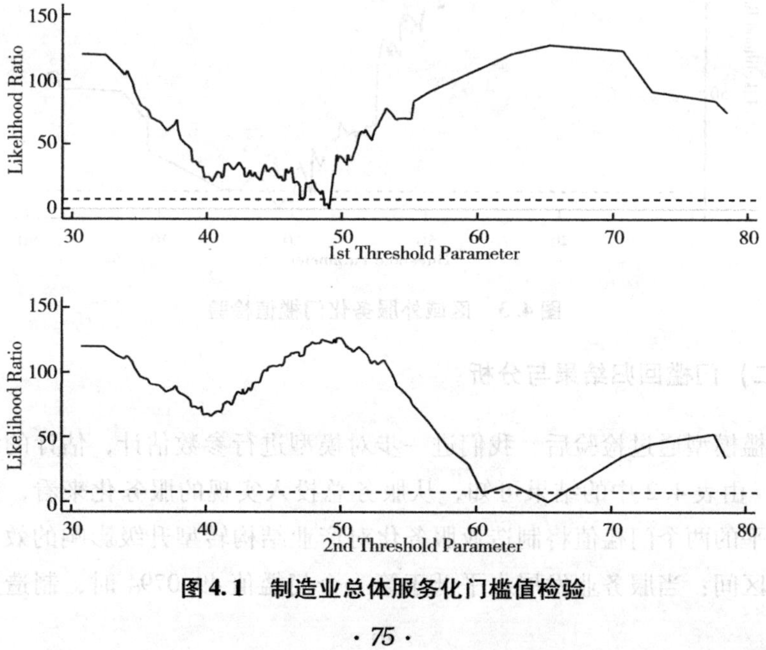

图 4.1 制造业总体服务化门槛值检验

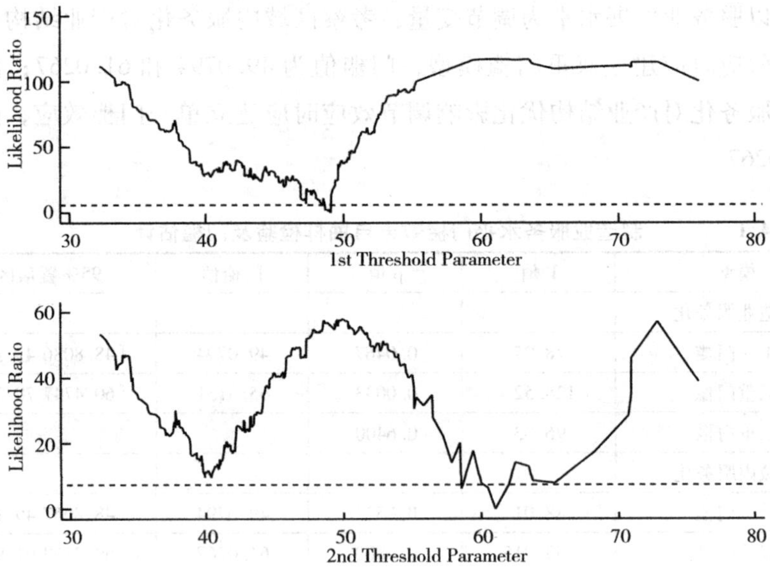

图 4.2　区域内服务化门槛值检验

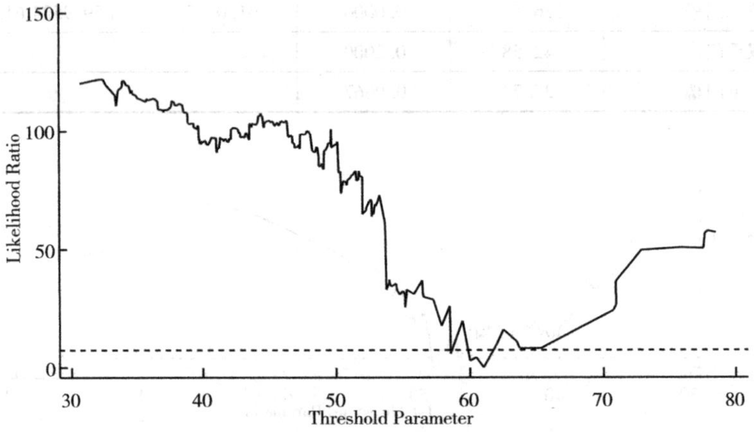

图 4.3　区域外服务化门槛值检验

（二）门槛回归结果与分析

门槛模型通过检验后，我们进一步对模型进行参数估计，估计的结果见表 4.2。由表 4.2 中的结果可知，从服务总投入实现的服务化来看，服务业发展水平的两个门槛值将制造业服务化对产业结构转型升级影响的效果分成了三个区间：当服务业发展水平低于第一个门槛值 49.0794 时，制造业服务化对产业结构转型升级的影响不显著；当服务业发展水平大于第一门槛值而小于第二门槛值时，制造业服务化对产业结构转型升级的影响在1%的显著水平下通过检验，且显著为正；当服务业发展水平大于第二门槛值65.3131时，制造业服务化对产业结构转型升级的促进作用进一步加强，影响系数由0.0183增加到0.0877。

表4.2　　服务业发展水平门槛回归结果

门槛变量	服务业发展水平		
	1	2	3
$ms \times I(serv \le \gamma_1)$	-0.000256		
$ms \times I(\gamma_1 < serv \le \gamma_2)$	0.0183***		
$ms \times I(serv > \gamma_2)$	0.0877***		
$dms \times I(serv \le \gamma_3)$		-0.0034	
$dms \times I(\gamma_3 < serv \le \gamma_4)$		0.0210***	
$dms \times I(serv > \gamma_4)$		0.0689***	
$fms \times I(serv \le \gamma_5)$			0.0178*
$fms \times I(serv > \gamma_5)$			0.183***
gov	0.0164*	0.0170**	0.0196*
fdi	-0.0267	0.0063	-0.0131
r&d	0.157*	0.229**	0.325***
con	0.488**	0.333	0.160
R^2	0.7911	0.6853	0.7351

注：[ ] 内的数值为t统计量值，*、**、***分别表示在10%、5%和1%水平下的显著性。

区分服务来源后，依托不同来源服务实现的服务化对产业结构转型升级的影响也存在服务业发展水平调节效应。就区域内服务化而言，当服务业发展水平低于第一个门槛值49.0794时，制造业服务化对产业结构转型升级的影响不显著；当服务业发展水平处于第一门槛值与第二门槛值之间时，服务化对产业结构转型升级的影响显著为正；当服务业发展水平跨过第二门槛值时，服务化对产业结构转型升级的影响进一步加强，影响系数由0.021提高到0.068。对区域外服务化来说，当服务业发展水平低于61.0267时，制造业服务化对产业结构转型升级的影响为正且在10%的显著水平下通过检验；当服务业发展水平高于61.0267时，影响系数由0.0178提高到0.183，并且显著性也由 10% 提高到 1%。

以上分析表明，无论是从服务投入总体来看，还是从不同来源的服务投入来看，制造业服务化对产业结构转型升级的影响均存在服务业发展水平调节效应，随着服务业发展水平的提高，制造业服务化对产业结构转型升级的影响不断增强。当服务业发展水平低于 49.0794 时，区域内服务化对产业结构转型升级的影响不显著，而区域外服务化对产业结构转型升级具有正向推动作用；当服务发展水平介于 49.0794 和 61.0267 时，区域内服务投入对产业结构转型升级的推动作用大于区域外服务投入；当服务水平跨过门槛值 61.0267 后，两者对产业结构转型升级的推动作用再次增强，但区域外服务化对产业结构转型升级影响的边际效率提高的幅度更大。

三、经济发展水平调节效应检验

（一）门槛效应检验与门槛值确定

由表 4.3 可知，当调节变量为经济发展水平时，无论是服务投入总体实现的服务化还是依托不同来源服务实现的服务化，双重门槛效应和三重门槛效应都没有通过显著性检验，而单一门槛效应模型通过了检验，与此同时，所有门槛估计值均落在相应的 95% 置信区间之内，说明门槛估计值与门槛真实值相等，即通过了真实性检验。因此，在分析经济发展水平调节效应时，三者都应建立单一门槛效应模型。

表 4.3　　经济发展水平门槛效应检验及门槛值估计

模型	F 值	p 值	门槛值	95% 置信区间
制造业服务化				
单一门槛	146.14	0	11.2735	[11.2688 11.3026]
双重门槛	32	0.2767		
三重门槛	11.49	0.9167		
区域内服务化				
单一门槛	143.74	0	11.2735	[11.2688 11.3026]

续表

模型	F 值	p 值	门槛值	95% 置信区间
双重门槛	47.75	0.1367		
三重门槛	13.93	0.74		
区域外服务化				
单一门槛	117.5	0	11.2735	[11.2688 11.3026]
双重门槛	4.49	0.98		
三重门槛	22.23	0.31		

(二) 门槛回归结果与分析

由表 4.4 结果可知，三种类型服务化对产业结构转型升级影响的变化趋势基本上是一致的，当经济发展水平达到一定门槛值 11.2735 时，三类服务化对产业结构转型升级的促进作用都会提高。不同的是，当经济发展水平处于同一区间时，它们对产业结构转型升级影响的程度，以及当经济发展达到门槛值时，对产业结构转型升级影响边际效率提升的幅度。总的来说，当经济发展水平较低时，区域内服务化可以促进产业结构转型升级，而区域外服务化作用不显著，但是当经济发展水平越过门槛值时，区域外服务化对产业结构转型升级的促进作用大于区域内服务化。

表 4.4　　经济发展水平门槛回归结果

门槛变量	经济发展水平		
	1	2	3
$ms \times I(agdp \leqslant \delta_1)$	0.0106 *		
$ms \times I(agdp > \delta_1)$	0.0574 ***		
$dms \times I(agdp \leqslant \delta_2)$		0.0114 *	
$dms \times I(agdp > \delta_2)$		0.0846 ***	
$fms \times I(agdp \leqslant \delta_3)$			0.0126
$fms \times I(agdp > \delta_3)$			0.126 ***
gov	0.0183 *	0.0185 *	0.0189 *
fdi	−0.0370 **	−0.0402 **	−0.0297

续表

门槛变量	经济发展水平		
	1	2	3
r&d	0.302 ***	0.290 ****	0.336 ***
con	0.220	0.261	0.242
R^2	0.6906	0.6625	0.6829

注：[ ] 内的数值为 t 统计量值，*、**、*** 分别表示在 10%、5% 和 1% 水平下的显著性。

四、小结

服务业发展水平在制造业服务化对产业结构转型升级影响中存在调节作用，当服务业发展水平较低时，服务化对产业结构转型升级的影响不显著；当服务业发展水平跨过第一个门槛值小于第二个门槛值时，服务化对产业结构转型升级具有明显的促进作用，随着服务业发展水平的进一步提高，这种促进作用进一步增强。对不同来源服务投入实现的服务化来说，其对产业结构调整影响的边际效率不同，当越过门槛值 61.0267 时，与区域内服务化相比，区域外服务化边际效率更大。

服务化对产业结构转型升级影响存在经济发展水平门槛特征，当经发展水平越过门槛值之后，其促进作用明显增强；当经济发展水平较低时，区域内服务化可以促进产业结构转型升级，区域外服务化作用不显著，但是当经济发展水平越过门槛值时，区域外服务化对产业结构转型升级的促进作用大于区域内服务化。

第三节　不同类型制造业与服务业融合对产业结构优化的影响

一、模型构建

为了考察不同类型制造业服务化与产业结构优化升级之间的非线性关

系，构建门槛模型如下：

$$opt_{it} = \alpha_0 + \alpha_1 X_{it} \times I(serl \leqslant \gamma) + \alpha_2 ms_{it} \times I(serl > \gamma) + k\varphi Y_{it} + \varepsilon_{it} \quad (4.3)$$

$$opt_{it} = \alpha_0 + \beta_1 X_{it} \times I(agdp \leqslant \delta) + \beta_2 ms_{it} \times I(agdp > \delta) + \rho Y_{it} + \varepsilon_{it} \quad (4.4)$$

其中，γ 和 δ 为待估门槛值，I（·）为示性函数，变量 opt_{it} 表示产业结构转型升级，X_{it} 表示制造业服务化水平（包括劳动密集型、资本密集型和技术密集型三类），Y_{it} 为一系列控制变量（政府支出、外商投资和研发投入三个变量），门槛变量为服务发展水平（serl）和经济发展水平（agdp），ε_{it} 为随机误差。

二、服务发展水平调节效应

下面利用门槛模型对三类制造业服务化与产业结构优化之间的非线性关系进行检验。

（一）门槛效应与门槛值确定

在门槛回归估计之前，先对模型进行检验。由表 4.5 可以看出，在服务业发展水平门槛模型中，劳动密集型制造业服务化单一门槛和双重门槛效应均拒绝"不存在门槛效应"这一假设，而三重门槛效应检验的结果是不存在三重门槛，所以应建立双重门槛效应模型，且门槛值为 49.0078 和 65.3131。由门槛值真实性检验的结果可知（见图 4.4），在 5% 的显著水平门槛值的选取是合适的。综合以上述分析，在分析劳动密集型制造业服务化对产业结构影响时应建立双重门槛归回模型。同理，由表 4.5 和图 4.5、图 4.6 可以看出，以服务业发展水平为调节变量，分析资本密集型制造业服务化和技术密集型制造业服务化对产业结构影响的调节效应时均应建立双重门槛模型，门槛值分别为 49.0794、61.0267 和 49.0794、63.7215。

表 4.5　不同类型制造业服务水平门槛效果自抽样检验

制造业类型	F 值	p 值	门槛值	95% 置信区间
劳动密集型制造业服务化				
单一门槛	86.08	0.0433	49.0078	[48.7440　49.1130]

续表

制造业类型	F 值	p 值	门槛值	95% 置信区间
双重门槛	96.56	0.0133	65.3131	[62.7341　74.6093]
三重门槛	103.95	0.25		
资本密集型制造业服务化				
单一门槛	56.93	0.08	49.0794	[48.7872　49.2243]
双重门槛	51.56	0.05	61.0267	[59.2701　61.9850]
三重门槛	53.33	0.27		
技术密集型制造业服务化				
单一门槛	88.29	0.0833	63.7215	[62.9935　65.3131]
双重门槛	152.2	0	49.0794	[48.8566　49.1130]
三重门槛	94.15	0.9033		

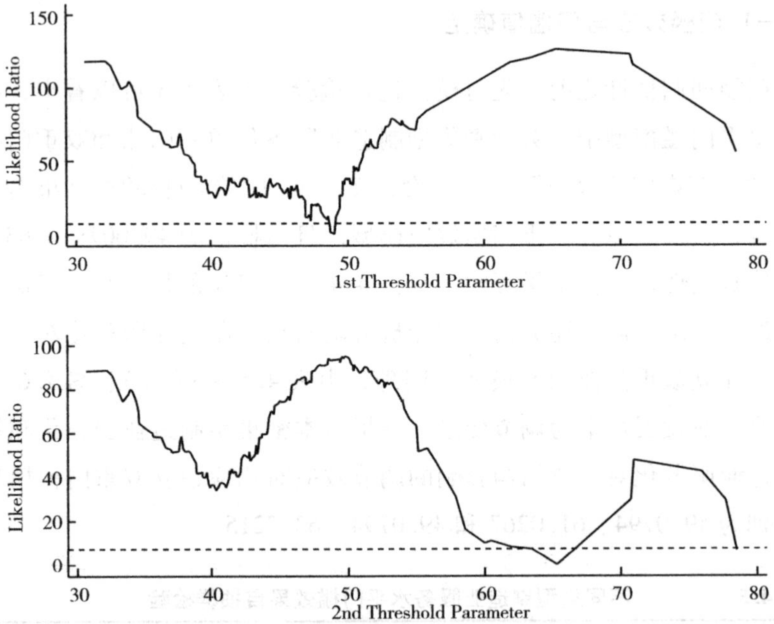

图 4.4　劳动密集型制造业服务化门槛值检验

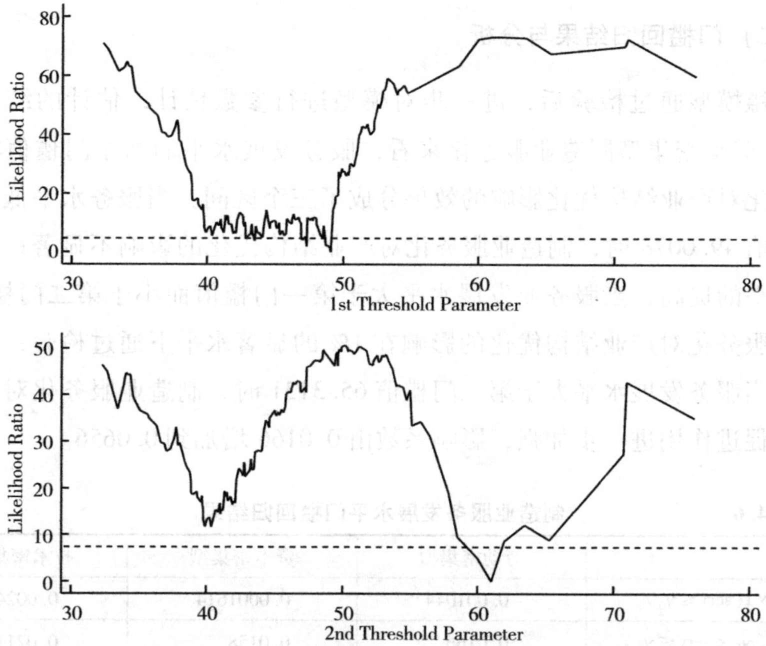

图 4.5　资本密集型制造业服务化门槛值检验

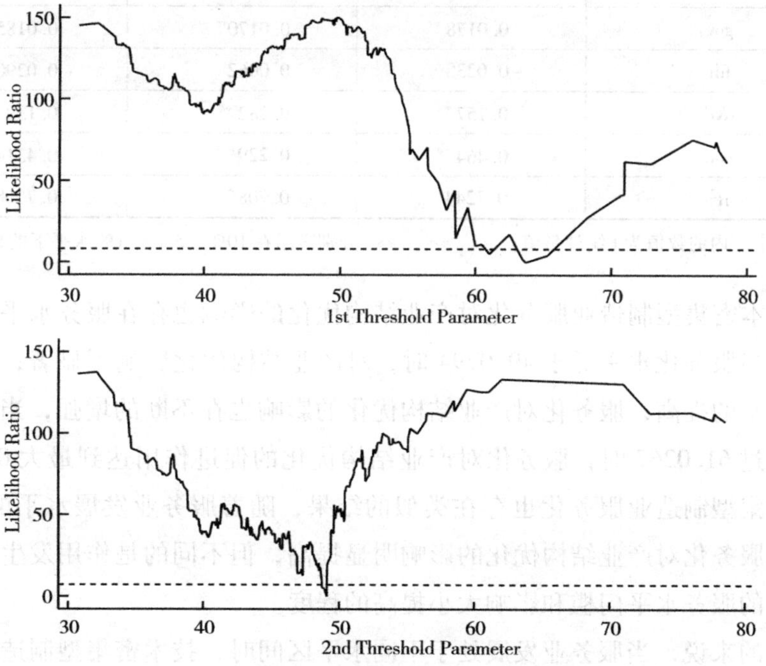

图 4.6　技术密集型制造业服务化门槛值检验

（二）门槛回归结果与分析

门槛模型通过检验后，进一步对模型进行参数估计，估计的结果见表4.6。从劳动密集型制造业服务化来看，服务发展水平的两个门槛值将制造业服务化对产业结构优化影响的效果分成了三个区间：当服务水平低于第一个门槛值49.0078时，制造业服务化对产业结构优化的影响不显著；但随着服务水平的提高，当服务业发展水平大于第一门槛值而小于第二门槛值时，制造业服务化对产业结构优化的影响在1%的显著水平下通过检验，且显著为正；当服务发展水平大于第二门槛值65.3131时，制造业服务化对产业结优化的促进作用进一步加强，影响系数由0.0166增加到0.0656。

表4.6　　制造业服务发展水平门槛回归结果

	劳动密集型	资本密集型	技术密集型
$ms \times I(serv \leq \gamma_6)$	-0.0010447	0.0001614	0.00241
$ms \times I(\gamma_6 < serv \leq \gamma_7)$	0.0166***	0.0158***	0.0211***
$ms \times I(serv > \gamma_7)$	0.0656***	0.0596***	0.0913***
gov	0.0178**	0.0170*	0.0185**
fdi	-0.0238	0.0062	-0.0290*
r&d	0.157*	0.282**	0.139**
con	0.464**	0.229	0.4314***
R^2	0.7244	0.7085	0.7568

注：[ ] 内的数值为t统计量值，*、**、*** 分别表示在10%、5%和1%水平下的显著性。

资本密集型制造业服务化对产业结构优化的影响也存在服务水平的调节效应，当服务化水平低于49.0794时，对产业结构优化影响不显著；但随着服务水平的提高，服务化对产业结构优化的影响也在不断的增强，当服务业水平超过61.0267时，服务化对产业结构优化的促进作用达到最大0.0596。技术密集型制造业服务化也存在类似的结果，随着服务业发展水平的提高，制造业服务化对产业结构优化的影响明显提高，但不同的是作用发生改变时所面临的服务水平门槛和影响大小提高的程度。

总的来说，当服务业发展处于不同水平区间时，技术密集型制造业对产业结构优化调整的促进作用变化最大，并且当服务水平跨越相应的门槛后，边际效率的提升幅度也是最大的，劳动密集型次之，资本密集型最小。

三、经济发展水平调节效应

（一）门槛效应检验与门槛值确定

接下来就经济发展水平在不同类型制造业服务化对产业结构优化影响中调节效应进行分析，由表4.7可以看出，当调节变量为经济发展水平时，三类制造业服务化单一门槛效应模型都通过了检验，而其他两种情况均未通过检验。因此，在研究经济发展水平调节作用时，都应建立单一门槛效应模型。

表4.7　　不同类型制造业服务化经济发展水平检验结果

模型	F值	p值	门槛值	95%置信区间
劳动密集型制造业服务化				
单一门槛	144.78	0.00001	11.2735	[11.2688 11.3026]
双重门槛	41.38	0.1767		
三重门槛	11	0.6767		
资本密集型制造业服务化				
单一门槛	157.11	0.00001	11.2735	[11.2688 11.3110]
双重门槛	28.66	0.36		
三重门槛	8.27	0.96		
技术密集型制造业服务化				
单一门槛	137.67	0.00001	11.2735	[11.2688 11.3110]
双重门槛	22.27	0.48		
三重门槛	8.03	0.9667		

（二）门槛回归结果与分析

由表4.8门槛回归的结果可知，三类制造业服务化对产业结构优化影响的变化趋势基本上是一样的。当经济发展水平达到门槛值时，其对产业结构优化的促进作用都会实现跃升。所不同的是，当经济发展水平处于不同的区间时，其对产业结构优化的影响大小不同；以及经济达到门槛值时，其对产业结构优化影响边际效率的跃升程度不同。当经济发展水平达到门槛值11.2735时，劳动密集型制造业服务化对产业结构优化影响的系数由0.0102提高到0.0536；

资本密集型制造业由0.00973提高到0.0754；技术密集型系数由0.0107提高到0.0536。由此可见，当经济发展水平低于门槛值时，技术密集型制造业服务化对产业结构优化影响最大，劳动密集型次之，资本密集型最小；但是经济发展水平一旦越过门槛值，三类制造业服务化对产业结构优化的影响将发生很大的变化，资本密集型的影响最大，技术密集型与劳动密集型的影响次之。

表4.8　　　　制造业经济发展水平门槛回归结果

	劳动密集型	资本密集型	技术密集型
ms×I(agdp≤δ_4)	0.0102 ***	0.00973 *	0.0107 **
ms×I(<serv>δ_4)	0.0536 ***	0.0754 ***	0.0536 ***
gov	0.0196 *	0.0179 *	0.0190 **
fdi	-0.0393 **	-0.0381 **	-0.0377 ***
r&d	0.272 **	0.303 ***	0.321 ***
con	0.232	0.247	0.174
R^2	0.656	0.6885	0.6704

注：[ ] 内的数值为t统计量值，*、**、*** 分别表示在10%、5%和1%水平下的显著性。

四、模型稳健性检验

为了对本节结论的可靠性进行检验，这里采用替换核心解释变量的方法对模型的稳定性进行检验。利用直接消耗系数测度制造业服务化水平，并对门槛模型进行回归，估计的结果见表4.9和表4.10。

表4.9　　　　服务发展水平调节效应稳健性检验

	劳动密集型	资本密集型	技术密集型
ms×I(serv≤δ_1)	-0.00424	-0.000342	0.00133
ms×I(δ_1<serv≤δ_2)	0.0202 ***	0.0201 ***	0.0253 ***
ms×I(serv>δ_2)	0.0893 ***	0.0716 ***	0.112 ***
gov	0.0164 *	0.0172 **	0.0154 *
fdi	-0.0212	0.00645	-0.0263
r&d	0.170 *	0.285 ***	0.156 **
con	0.498 **	0.226	0.494 **

表 4.10　　经济发展水平调节效应稳健性检验

	劳动密集型	资本密集型	技术密集型
ms × I(agdp ≤ δ_3)	0.0146 ***	0.0130 *	0.0114 **
ms × I(<serv> δ_3)	0.0728 ***	0.101 ***	0.0643 ***
gov	0.0185 *	0.0179 *	0.0177 *
fdi	−0.0360 **	−0.0393 **	−0.0363 **
r&d	0.276 ***	0.299 ***	0.324 ***
con	0.244	0.251	0.226

注：[ ] 内的数值为 t 统计量值，*、**、*** 分别表示在 10%、5% 和 1% 水平下的显著性。

由表 4.9 可以看出，将核心解释变量进行替换后，三类制造业服务化对产业结构转型升级的影响仍然都存在门槛效应，并且当服务业发展规模越过一定的门槛值时，促进作用都会进一步增强。当服务业发展水平处于不同区间以及越过一定的门槛值后，三类制造业服务化对产业结构升级影响大小以及提升程度高低的顺序与表 4.6 中的结果都是一致的，这说明服务业发展水平在不同类型制造业服务化对产业结构优化影响中均存在调节作用这一结论是稳健的。同样的，由表 4.10 可以看出，不同类型制造业服务化对产业结构升级的影响确实存在经济发展水平门槛效应，当经济发展水平越过一定的门槛值时，作用会进一步加强；不同类型制造业服务化对产业结构升级的影响效果存在差异，越过一定门槛值后，资本密集型制造业服务化对产业结构升级的影响最大。

五、小结

本节考察了服务业发展水平、经济发展水平在不同类型制造业服务化影响产业结构转型升级中的调节作用。结果发现：

第一，服务业发展水平在三类制造业服务化对产业结构优化影响中均存在重要的调节作用。当服务业发展水平较低时，服务化对产业结构优化的影响不显著；当服务水平跨过第一个门槛值小于第二个门槛值时，服务化对产业结构优化具有明显的促进作用，随着服务水平的进一步提高，这种促进作用进一步增强。对不同制造业来说，第一个门槛值相同，第二个门槛值劳动密集型最大，技术密集型次之，资本密集型最小；在对应的区间内，技术密集型边际效率最大，接下来是劳动密集型和资本密集型。

第二，服务化对产业结构优化的影响存在经济发展水平门槛特征，经济发展水平跨过门槛值之后，其促进作用明显增强；对不同的制造业来说，突破门槛值后，边际效率最高的是资本密集型制造业，劳动密集型、技术密集型的边际效率基本一样。

第四节 结论与启示

本章在理论分析的基础上，运用面板门槛模型对服务业发展水平、经济发展水平在制造业服务化影响产业结构优化升级中的调节作用进行了检验。结果发现：

第一，在服务业发展的不同阶段，制造业服务化对产业结构转型升级的影响表现为非线性。当服务水平较低时，服务化对产业结构转型升级的影响不显著；当服务水平跨过第一个门槛值小于第二个门槛值时，服务化对产业结构转型升级具有明显的促进作用，随着服务水平的进一步提高，这种促进作用进一步增强。对不同来源服务投入实现的服务化来说，跨越门槛值之后，其对产业结构转型升级影响的边际效率不同，与依托区域内服务投入实现的服务化相比，依托区域外服务投入实现的服务化边际效率更大；对不同要素密集度的制造业来说，跨过门槛之后，技术密集型边际效率最大。

第二，服务化对产业结构转型升级的影响存在经济发展水平门槛特征，当经济发展水平越过门槛值之后，其促进作用明显增大；依托区域外服务实现的服务化在突破门槛值后边际效率更大；对不同类型的制造业来说，经济发展水平突破门槛值后，资本密集型制造业的边际效率最高，技术密集型和劳动密集型的边际效率相当。

根据以上结论，得到以下启示：

第一，根据地区产业发展状，制定促进服务业发展产业政策，突破服务业发展门槛，提高服务化促进产业升级效应。

第二，根据区域服务业和经济发展的实际情况，分类制定产业政策。对于那些服务业占三次产业比重低于49.0794%同时人均GDP小于78707元的地区以及服务业占三次产业比重大于61.0267%同时人均GDP高于78707元的地区来说，依托区域外服务实现的服务化能更好地促进产业结构转型升级，所以应继续推进对外开放，促进贸易自由化，不断提高区域外服务化水平，充分发挥区域外服务投入对产业结构转型升级的促进作用。而对那些服务水平介于49.0794%和61.0267%，同时经济发展水平还低于78707元的地区来说，依托区域内服务实现的服务化能更好地促进产业结构转型升级，所以产业政策应优先发展具有地区优势的服务业，促进制造业与服务业的协调、融合发展，以更好地发挥服务化对产业转型升级的促进作用。

第三，从区域经济发展不平衡的实际出发，充分考虑不同地区经济发展水平的差异，分类制定产业政策。在经济发展水平较低的地区，劳动密集型和技术密集型制造业服务化更能促进产业结构转型升级，所以产业政策应注重劳动密集型制造业、技术密集型制造业与生产服务业的融合发展；而在经济发展比较好的地区，应充分发挥资本密集型制造业服务化在产业结构升级中的作用。

| 第五章 |

农村产业融合与数字普惠金融发展分析

第一节 农村产业融合发展水平测度

一、农村产业融合的内涵

（一）产业融合

产业融合的概念最早始于国外。过去产业的边界是清晰的，产业发展是独立的。随着信息技术的发展，人们对产业融合的认识率先发生在信息传播领域。Rosenberg（1963）针对美国机械工具历史进行研究，将相似技术向不同产业扩散现象定义为技术融合。20 世纪 70 年代，在数字融合的基础上，在电信、广播和印刷三者同时相交的区域产业融合经济效益最为突出，发现技术融合可以改变产品形态、竞争形式以及价值创造过程。从此，人们开始了对产业融合的研究。现有文献对于产业融合内涵的界定大多是针对其表面现象进行阐述的，存在一定局限性，并且角度也各有不同，学界对产业融合的定义虽相通但始终没有达成共识，因此，对其并没有一般性的定义。随着分工不断深化，产业的分类也在逐渐细化，数量也在不断增加，产业间的界限逐渐变得模糊，有些甚至合并在一起成为新的产业。要想深入阐述产业融合的内涵，就需要以分工为基础，用发展的眼光来看这一问题。产业融合是企业为了追求利益最大化，推动企业分工不断发展并代替社会分工，最终使得社会分工内部化的过程和结果。产业融合形成了新的分工体系，这对现有社会分工体系进行了否定。随着社会经济的不断发展，新的产业融合是对社会分工体系的否定之否定。因此，产业融合是社会分工深化的一种模式，是社会分工发展的新起点。在分工和专业化的促进下，社会分工的发展表现为生产环节的不断增多和生产链条不断延伸。产业融合打破原有社会分工体系中产业间的关系，突破了产业边界，是对原有社会分工体系的解构和重组。

（二）农村产业融合

农业产业融合最早始于日本学者今村奈良臣提出的“第六产业”概念，即以农业为基础，依靠产业功能和范围的拓展、产业链的延伸加强一二三产业融合发展的过程。姜长云（2015）指出，农村产业融合就是产业间相互交叉、渗透，形成新的产业、业态和新的营商模式，从而达到延长产业链、拓宽产业范围的目的。陈晓华（2015）认为，农村产业融合就是增强利益联结机制、强化产业经营组织的引领，通过发展现代农业和农民增收实现多主体的共赢。宗锦耀（2015）认为，农村产业融合其实就是一种经营手段。赵海（2015）将农村产业融合定义为各类农业产业组织通过延伸产业链条等方式，打破农产品“产、加、销”彼此分离的状态，形成各环节和谐发展的产业生态。苏毅清等（2016）认为，农村产业融合是指第一产业的细分产业与第二产业、第三产业中的细分产业所形成的社会生产的产业间分工在农村实现内部化。马晓河（2016）认为，农村产业融合是以农业为基础，通过农业与农村第二产业、第三产业相互渗透的基础上形成农业新产业、新业态的过程。国家发展改革委宏观院和农经司课题组（2016）指出，农村一二三产业融合是以农业为基本依托，以新型经营主体为引领，以利益联结为纽带，通过产业链延伸、产业功能拓展和要素集聚、技术渗透及组织制度创新，跨界集约配置资本、技术和资源要素，促进农业生产、农产品加工流通、农资生产销售和休闲旅游等服务业有机整合、紧密相连的过程。赵霞等（2017）指出，农村产业融合就是以农业为依托，通过对农业产业的技术渗透，变革农业的组织和生产方式，从而实现农村三次产业的协同发展。吕岩威等（2017）指出，农村三次产业融合就是以农业发展为立足点，使用产业渗透、产业交融和产业重组的手段，重塑生产模式、产业形态和治理方式的阶段。李云新（2017）指出，乡村三次产业融合是以利益联结机制为主线，将农业产前、产中和产后以及休闲娱乐服务各环节系统结合，进而实现农业产业链延伸、价值链增值和功能扩展的一种农业产业化模式。孟秋菊（2018）认为，农村产业融合就是以制度创新、技术创新和模式创新为动力，在农村实现资源重组，从而形成新的业态，最终实现农民增收。

综合已有文献可知，2015 年以前对农村产业融合内涵的界定主要是对农业与相关产业融合的过程和结果进行阐述。2015 年以后，农村产业融合概念界定相对统一，研究对象为农村三大产业间的相互作用和联系。从三大产业发展的角度看，农村产业融合可以为旅游观光业、生物技术、现代食品加工业、物流业等产业提供强有力的支撑。农村产业融合的最终结果是促进农业农村发展，最终目的是促进农民增收。从消费市场来看，农村产业融合发展可以满足人们对高质量食品和休闲旅游的需求。但是，学者们并未对农村产业融合进行一般性的界定。本书认为，农村产业融合应是在以农业为依托、农民为主体、农村为基点的基础上，通过三次产业分工内部化，最终形成具有多种属性的产业分工，从而实现农业、农产品加工业和涉农服务业的全方位的发展，进而促进农民增收的过程。农村产业融合发展突破了产业的限制，发展的目标不再仅仅只是农业现代化，而是乡村的全面振兴，农村产业融合是解决“三农”问题的关键。

二、农村产业融合评价指标体系构建

（一）指标体系构建原则

建立综合评价指标体系时应该符合科学发展规律的基本要求，纳入体系里的指标要全面反映系统层的特点和意义，避免选取的指标相关性较高，注意指标的相关性避免指标选取出现错误。指标总的选取原则是选取的指标有较强的代表性，在避免遗漏与重复指标的基础上，以尽量少的指标反映总体尽可能多的信息。总的来说，为了构建出可信的、有说服力的综合评价指标体系，在构建体系时应要遵循如下原则。

（1）科学性原则。

在构建综合评价指标体系时，要遵循科学性原则，需要充分理解要研究的内容和问题，明确自身的研究方向，结合实际情况和实际问题思考确定是否可以用建立综合评价指标体系的方法来解决此问题。因此，本章在建立乡村产业融合发展综合评价指标体系时，首先应充分理解乡村产业融合的内涵，并考虑研究现状以及是否有可获得的统计指标。

（2）系统性原则。

一般综合评价法所要分析研究的问题往往会涉及许多层面和要点，因此，在选取指标时要遵循系统性原则，避免出现因为选择指标过多或重复而致使最终的综合评价值不准确的现象，但也要注意不能出现指标遗漏，目标层的所有指标应该可以充分表达所在系统层的特点及内涵。在确定系统层时，要考虑系统层间的逻辑关系，要具有高度综合性，要有全面且具有代表性的指标层，这样才能构建一个系统的且有层次的指标体系。

（3）可行性原则。

可行性原则是指在综合评价中选取指标时，应当考虑数据的可获得性，如果所选取指标的数据难以获得，那么构建的指标体系也是不合理的，最终得到的综合评价值也没有办法反映该研究问题的真实状况。

（4）可比性原则。

在指标体系的构建时，各项指标的口径与核算方法要符合国际标准、遵照统计惯例，指标在同一时期内的不同体系要具有可比性，并且在不同时期的统一体系下也要具有可比性。只有这样，才能让所构建的指标对乡村产业融合的评价更具有可信性与价值性。

（二）指标的选取

关浩杰（2016）从创新、协调、绿色、开放、共享五大发展理念出发，构建了农村一二三产业融合发展综合评价指标体系。李芸等（2017）从产业融合行为和效果两个方面构建指标体系，利用层次分析法对北京市农业产业融合发展状况进行了测算。冯伟（2016）、蒋一卉（2017）、李芸（2017）从产业链延伸、多功能性发挥、农业服务业融合、农民增收就业和城乡一体化五个层面构建了农村产业融合发展综合评价指标体系。李治等（2019）从高效化、生态绿色化、业态多样化、服务社会化和城乡一体化五个方面构建指标体系，并利用熵值法对北京市农村产业融合发展的区域差异进行了分析。陈国生（2019）利用层次分析法对湖南省农村产业融合发展水平进行了测算。田聪华（2019）采用层次分析法和综合指数法对新疆农村产业融合发展水平进行了评价。张林等（2019）从产业链延伸、农业功能发挥、农业服务业融合发展、农民增收与促进就业、城乡一体化五个维度构建指标体系。余涛（2020）立足于产业重组、产业延伸、产业交叉、产业渗透四个维度，选取了6个指标构建农村三次产业融合综合评价指标体系。李晓龙等（2019）、王丽纳等（2019）、张岳等（2021）则选取了5个指标分别体现农业产业链延伸、农业多功能性扩展、农业新业态培育、农业与服务业融合、利益联结机制完善五个方面。熊磊等（2021）在揭示分工、交易效率影响农村产业融合发展内在机理的前提下，基于分工视角构建农村产业融合发展水平评价体系，运用熵值法测算31个省区市（不包括港澳台地区）2006～2018年的农村产业融合发展水平。向从武（2021）将产业融合划分为融合路径和融合效益两个方面，然后分别从农业多功能发挥、农业产业链延伸和农民增收、农业增效、城乡融合选取指标进行测算。由此可见，目前有关农村产业融合评价的指标体系并不唯一，还未形成一套大家普遍认可的评价指标体系。

本章在借鉴前人研究的基础上，结合指标的科学性、全面性以及数据的可比性与可得性等原则，从产业融合发展的路径和效益两个方面构建两个一级指标，然后围绕产业融合发展的本质含义，以乡村振兴规划目标政策为导向从产业链延伸、农业多功能发挥、农业与服务业融合发展、农民增收、农业增效以及城乡融合发展6个方面构建二级评价指标体系，各层级指标的具体解释如下。

（1）农村产业融合路径。农村产业融合路径是指农村地区企业、组织以及从业个体在生产、经营活动中包含或反映出的产业融合情况，是衡量农村产业发展水平的总体框架。本章将农村产业融合路径细分为产业链延伸、多功能发挥、农业服务业融合三个二级指标。

产业链延伸是指将农村日常的农业与农产品生产纵向延伸农产品的加工和销售环节，并将两者有机结合起来。农业产业链延伸是现代农村产业体系建设中的关键环节，有利于产业链条的优化升级。考虑到当前中国农业产业链延伸以培养发展农产品加工业为重点，所以本章用农副食品加工主营业务收入/农林牧渔业总产值来表示。

多功能发挥是指稳定农业的食品功能和社会经济功能之外，推进农业与旅游、教育、文化、健康养老等产业深度融合，将农业生产与其他产业、资源环境保护等有机结合，充分发挥农业的生活功能、生态功能、示范功能。鉴于大力推进农业与旅游、教育、文化、健康养老、农村服务业等产业深度融合是现阶段农业多功能性拓展的重点领域，以及考虑到数据的可得性，本章选取农村养老服务机构数与行政村个数比值、乡镇文化站个数与乡镇个数比值来反映。

农业服务业融合发展是指农业与为农业产前、产中、产后环节提供中间服务的农业服务业之间的融合互动与协调发展。这里用农林牧渔服务业占比来表示。

（2）融合发展效益是指农业与第二产业、第三产业融合发展对于促进农村经济增长和社会发展，提高农民收入和缩小城乡差距等产生的直接和间接影响。该指标可进一步分解为农民增收与就业、农业增效和城乡融合发展三项指标。

农民增收与就业是农村产业融合发展经济社会效益的重要体现。促进农民增收、增加农民就业，实现农民共同富裕，是农村产业融合发展的出发点和落脚点。农民增收与就业主要用农村居民人均可支配收入、农村非农就业占比两个指标来反映。

农业增效是指通过大力推进农业与第二产业、第三产业融合发展，提高土地产出率、劳动生产率、资源利用率等，体现了融合发展对转变农业生产方式，提高农业效率的作用。这里用单位面积农业总产值来反映。

农村产业融合发展必将推动城乡要素自由流动、平等交换，有利于加快形成工农互促、城乡互补的新型工农城乡关系，农村产业融合发展的经济社会效益还体现在城乡一体化发展方面，这里用城乡居民人均收入比来反映。

综上分析，本章最终确定农村产业融合发展指标体系见表 5.1。

表 5.1　　农村产业融合发展评价指标体系

目标层	一级指标	二级指标	三级指标	指标说明	属性
产业融合发展	融合路径	产业链延伸	农产品商品率	农副食品加工主营业务收入/农林牧渔业总产值	正向
		多功能发挥	农村养老服务机构占比	农村养老服务机构数/行政村个数	正向
			乡镇文化站占比	乡镇文化站个数/乡村人口数	正向

续表

<table>
<tr><th>目标层</th><th>一级指标</th><th>二级指标</th><th>三级指标</th><th>指标说明</th><th>属性</th></tr>
<tr><td rowspan="6">产业融合发展</td><td>融合路径</td><td>农业服务业融合</td><td>农林牧渔服务业占比</td><td>农林牧渔服务业总产值/农林牧渔业总产值</td><td>正向</td></tr>
<tr><td rowspan="5">融合效益</td><td rowspan="2">农民增收与就业</td><td>农村居民收入水平</td><td>农村居民人均可支配收入</td><td>正向</td></tr>
<tr><td>乡村非农就业占比</td><td>（乡村就业人数－第一产业就业人数）/乡村就业人数</td><td>正向</td></tr>
<tr><td>农业增效</td><td>单位面积农业总产值</td><td>第一产业总产值/耕地面积</td><td>正向</td></tr>
<tr><td>城乡融合发展</td><td>城乡居民人均收入比</td><td>城镇居民人均可支配收入/农村居民人均可支配收入</td><td>负向</td></tr>
</table>

三、评价方法介绍

纵观已有文献发现，现有测算产业融合发展水平的方法主要有以下几种：一是赫芬达尔指数法。该方法主要通过计算各行业市场中经营主体所占行业总收入或总资产的份额，来测量产业集中度得出其市场份额的变化，进而反映市场的离散程度。该方法强调更多的是市场集中发展程度，而农村产业融合更多地注重三大产业间的共生共荣、彼此联系，因此该方法不能很好地反映农村产业融合发展的程度。二是灰色关联分析法。灰色关联度可以表示因素间的发展程度，能够分析和判断因素间的关联程度。因素变化的趋势越一致，关联程度就越高，而关联度越高，意味着该指标对评价目标的作用越大；反之，因素变化程度差异越大，其关联程度越低，对评价目标的作用也就越小。但该方法最大的缺陷在于其结果仅能反映各因素的灰色关联度次序，无法从宏观角度揭示产业融合的发展程度及水平。三是 DEA 方法。DEA 方法（数据包络分析方法）通过构建指标的投入产出表，将投入产出很好地展现在人们面前，利用线性规划的方法实现资源与服务的对接。该方法使用的前提是构建一套完整的产业发展状况表，将产业的资金投入、人力投入、固定成本投入等方面的数据整理出来，与产业的经济效益、环境效益等产出的数据相结合，但是由于数据难以获取使投入产出表难以得到，因此，该方法也欠妥当。四是综合评价法。在综合评价时，给指标赋权的方法大致有三类，分别是主观赋权法、客观赋权法以及组合赋权法。最早提出的是主观赋权法，该方法是要由专家依据自己的专业知识和实践经验对权重分配。这种方法有利有弊，由于是提出时间最早的方法，在这些年长期发展中趋向成熟，操作比较简便。虽然此方法可以凭借经验赋权来减小所使用的权重与实际情况的差距，但是也会在人主观意识作用下，使出现客观性较差导致权重可信度降低的现象。为了弥补主观赋权法的缺陷，学者们提出了客观赋权法。该方法在计算权重时来自客观事实，以数据为准进行信息处理，客观确定权重，消除主观因素的影响，有比较强大的数学理论作为支撑。文献中比较常采用的客观赋权法有熵值法、主成分分析法等。其中熵值法是当今发展较为完善且应用较广泛的方法。为了规避以上方法所带来的问题，本章采用熵值法对农村产业融合发展水平进行综合评价。

（一）熵值法介绍

熵的概念是自物理和热力学中演变来的。熵是表示热力系统中热功转换过程中热能可以有效利用的程度。热能在较大程度上利用能量，就会让该热力系统的熵值越小，相反地，熵值越大表明能量利用程度越低。将熵的概念推行到信息论领域中时，信息是指系统有序的度量，而无序的度量则是熵。所以信息系统里的信息量越多，则其不确定性就越小，熵值也就越小；反之，系统里的信息量越少，不确定性增大，熵值也就变得越大。依据熵的理论特性，作为一种客观赋权法的熵值法，它依赖于数据的离散性。因而可以用计算熵值的方法来判定某事件的随机性和无序程度以及某个指标的离散程度，它是根据各个评价指标值所提供的信息大小来确定权重的，指标的离散度越高，它所提供的信息量就越大，会对综合评价产生较大的影响，即该指标的权重就越大。

（二）计算过程

为了对农村产业融合发展水平进行评价，这里采用熵值法确定各指标的权重，其具体步骤为：

首先，对数据进行变准化处理。

正指标：

$$y_{ij} = \frac{(x_{ij} - \min x_j)}{(\max x_j - \min x_j) + 1} \tag{5.1}$$

逆指标：

$$y_{ij} = \frac{(\max x_j - x_{ij})}{(\max x_j - \min x_j) + 1} \tag{5.2}$$

其中，x_{ij}为第 i 省第 j 个指标的观测值，$\min x_j$、$\max x_j$分别为第 j 个指标的最小与最大观测值。

其次，确定指标权重。

第一，计算第 i 个评价对象第 j 个指标贡献度：

$$p_{ij} = \frac{y_{ij}}{\sum_i y_{ij}} \tag{5.3}$$

第二，计算第 j 项指标的熵值：

$$e_j = -\frac{1}{\ln n}\sum_i p_{ij}\ln p_{ij} \tag{5.4}$$

第三，计算冗余度：

$$g_j = 1 - e_j \tag{5.5}$$

第四，计算各项指标的权重：

$$\omega_j = \frac{g_j}{\sum_j g_j} \tag{5.6}$$

第五，计算乡村产业融合发展综合指数：

$$f_i = \sum_j \omega_j y_{ij} \tag{5.7}$$

四、农村产业融合评价结果分析

根据以上分析，采用前面构建的农村产业融合评价指标体系，同时采用熵值法对农村产业融合发展水平进行测度，综合测算出 2011 ~ 2019 年中国 30 个省区市农村产业融合发展指数如表 5.2 所示。

表 5.2　　2011 ~ 2019 年各省区市农村产业融合综合得分

地区	2011 年	2012 年	2013 年	2014 年	2015 年	2016 年	2017 年	2018 年	2019 年
北京	1.3490	1.3715	1.3829	1.4025	1.4176	1.4412	1.4407	1.4599	1.5269
天津	1.4156	1.4842	1.4977	1.4930	1.5347	1.5235	1.5544	1.4820	1.4957

续表

地区	2011年	2012年	2013年	2014年	2015年	2016年	2017年	2018年	2019年
河北	1.2666	1.2765	1.2897	1.3031	1.3118	1.3217	1.3340	1.3305	1.3493
山西	1.2167	1.2275	1.2429	1.2532	1.2627	1.2715	1.2800	1.2903	1.2986
内蒙古	1.1783	1.1498	1.1751	1.1863	1.1990	1.2163	1.2114	1.2047	1.2245
辽宁	1.2897	1.3060	1.3244	1.3273	1.3086	1.3004	1.3033	1.2987	1.4370
吉林	1.2692	1.2899	1.3076	1.3186	1.3241	1.3382	1.3285	1.3116	1.2910
黑龙江	1.2267	1.2330	1.2430	1.2523	1.2554	1.2619	1.2575	1.2599	1.2975
上海	1.4260	1.4278	1.4467	1.4608	1.4692	1.4929	1.5218	1.5632	1.5778
江苏	1.3290	1.3456	1.3658	1.3916	1.4105	1.4280	1.4417	1.4578	1.4650
浙江	1.3345	1.3468	1.3698	1.3886	1.3966	1.4169	1.4383	1.4683	1.5005
安徽	1.2126	1.2310	1.2539	1.2731	1.2819	1.2984	1.3007	1.3031	1.3109
福建	1.2993	1.3147	1.3472	1.3608	1.3775	1.3938	1.3779	1.4365	1.4829
江西	1.3074	1.3222	1.3367	1.3546	1.3688	1.3771	1.3845	1.3943	1.4011
山东	1.3000	1.3283	1.3390	1.3571	1.3691	1.3927	1.4009	1.3851	1.4062
河南	1.2639	1.2755	1.2977	1.3215	1.3440	1.3688	1.3883	1.3776	1.3971
湖北	1.2432	1.2616	1.2891	1.3129	1.3332	1.3470	1.3534	1.3719	1.3868
湖南	1.2415	1.2544	1.2855	1.3002	1.4107	1.4209	1.4169	1.4207	1.4232
广东	1.2800	1.2939	1.3107	1.3280	1.3416	1.3582	1.3725	1.3865	1.4279
广西	1.1416	1.1634	1.1812	1.1972	1.2085	1.2209	1.2359	1.2447	1.2619
海南	1.1833	1.1972	1.2258	1.2514	1.2584	1.2681	1.2802	1.3030	1.3340
重庆	1.1794	1.1871	1.2083	1.2297	1.2468	1.2588	1.2630	1.2714	1.2830
四川	1.1901	1.1967	1.2136	1.2288	1.2364	1.2470	1.2510	1.2570	1.2627
贵州	1.0876	1.0920	1.1173	1.1463	1.1675	1.2250	1.2354	1.2480	1.2686
云南	1.0851	1.0948	1.1191	1.1351	1.1496	1.1564	1.1708	1.1851	1.1975
陕西	1.2210	1.2327	1.2503	1.2611	1.2858	1.2857	1.2624	1.2822	1.2924
甘肃	1.1863	1.1913	1.2091	1.2240	1.2324	1.1918	1.1880	1.1802	1.1816
青海	1.1055	1.1249	1.1391	1.1529	1.1589	1.1621	1.1640	1.1685	1.1856
宁夏	1.1573	1.1678	1.1831	1.1989	1.2026	1.2085	1.2129	1.2151	1.2281
新疆	1.2417	1.2481	1.2625	1.2704	1.2701	1.2735	1.2745	1.2911	1.3073
均值	1.2409	1.2545	1.2738	1.2894	1.3045	1.3156	1.3215	1.3283	1.3501

（一）农村产业融合发展整体变动趋势分析

从图5.1可以看出，2011~2019年中国农村产业融合发展水平综合指数历年平均值不断上升，由2011年全国平均水平为1.2409、中位数为1.2416，到2019年均值为1.3501、中位数为1.3225。由此可见，在样本期内中国农村产业融合发展的总体水平显著提升。这主要得益于这一时期内《农民专业合作社法》《农业部关于推进农业经营体制机制创新的意见》《农业部关于创建国家农业产业化示范基地的意见》《国务院关于支持农业产业化龙头企业发展的意见》等政策的组织实施，各地区在做优做强种植业和畜牧养殖业的基础上，拓展了农业的多种功能，不断挖掘农村的多元价值，加大对农产品加工、乡村休闲旅游、农村电商三大乡村产业的发展力度。持续打造农业的全产业链，推动产业链延伸、产品增值以及产业增效。农业与旅游、生态、文化等产业深度融合，丰富了乡村产业的类型，提升了乡村经济价值。产业发展开始逐渐突破单一空间和要素的制约束缚，农业在农村地区实现跨产业发展，与相关产业融合发展的趋势明显。

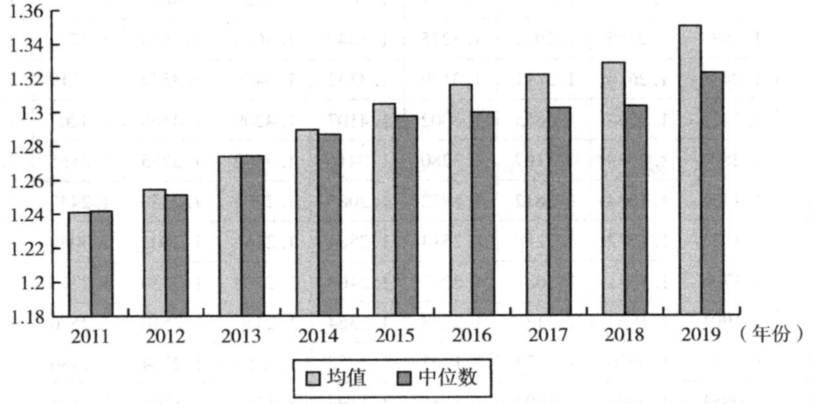

图5.1 2011~2019年农村产业融合均值及中位数

（二）农村产业融合发展区域分析

从东部、中部、西部三个地区来看[①]，样本期间（见表5.3），东部11省市的综合指数处于相对较高水平，区域平均值达到1.3808；中部8省紧随

① 东部地区包括北京、天津、河北、辽宁、上海、江苏、浙江、福建、山东、广东、海南11个省市；中部地区包括黑龙江、吉林、山西、安徽、江西、河南、湖北、湖南8个省；西部地区包括内蒙古、广西、重庆、四川、贵州、云南、陕西、甘肃、青海、宁夏、新疆11个省区市。

其后，区域平均值为 1. 3087；西部地区最低，为 1. 2063。分地区整体水平呈现明显的“东高西低”区域格局。2019 年，东部地区农村产业融合发展水平综合指数为 1. 4548，比 2011 年提高 0. 1319，平均增长率为 1. 26%；中部地区综合指数由 2011 年的 1. 2477 提升到 2019 年的 1. 3087，平均增长率为 1%；西部地区的综合指数由 2011 年的 1. 1613 提升到 2019 年的 1. 2063，平均增长速度为 0. 87%。分地区增长速度也呈现“东高西低”区域格局。出现以上特征的可能原因是：东部地区农业现代化发展较早，乡村产业发展基础相对较好，因而整体水平高于其他地区。而中西部地区的农业经营主体发展不够，自我发展能力、市场竞争力较弱，同时面临着融资、人才、用地以及基础设施供给不足等方面问题，从而致使它们产业融合发展提升的速度也慢。

表 5. 3　　2011 ~ 2019 年中国分地区农村产业融合发展趋势

年份	东部	中部	西部
2011	1. 3157	1. 2477	1. 1613
2012	1. 3357	1. 2619	1. 1681
2013	1. 3545	1. 2821	1. 1872
2014	1. 3695	1. 2983	1. 2028
2015	1. 3814	1. 3226	1. 2143
2016	1. 3943	1. 3355	1. 2224
2017	1. 4060	1. 3387	1. 2245
2018	1. 4156	1. 3412	1. 2316
2019	1. 4548	1. 3508	1. 2448
均值	1. 3808	1. 3087	1. 2063

农村产业融合是新生事物，离不开政府的支持，这就需要简化市场准入、审批等手续，降低交易成本，在用地、用电、用水方面给予政策上的倾斜，打破要素“瓶颈”。同时，要加快补齐基础设施短板，加强基础建设，营造良好的市场环境，完善农村产权交易市场，激发市场主体参与融合的积极性。农民是农业农村发展的主体，要保障农民的权益，制订合理的利益分配方案，让各方都能够合理地享受产业融合发展红利。总之，农村产业融合发展既要遵循市场规律，更要发挥好政府作用。由政府、农民以及新型农业经营主体等各方共同努力，最终形成产业链条完整、业态丰富、产业融合协

调的发展新格局。

(三) 农村产业融合发展省域比较分析

表5.4展示了2011~2019年全国各省区市农村产业融合发展水平的整体均值、排名等信息。样本期间，农村产业融合发展水平排在前10名的分别是天津、上海、北京、浙江、江苏、福建、山东、江西、湖南、广东。除江西和湖南属于中部地区以外，其他省市均属于东部地区。这些都是全国发达地区的代表，产业发展和经济实力领先，相关的农村电子商务等新型业态比较发达。由于经济全国领先，服务业与电子信息产业十分发达，因此，在发展农村电子商务业和农村物流业方面具有了良好的经营技术和商业模式。这些经营技术和商业模式形成了促进农业与信息产业和物流产业相融合的共同技术基础，从而形成了良好的产业"公地"，使这些省市在农业与其他产业进行融合的工作上领先全国。

表5.4　　2011~2019年各省区市农村产业融合发展水平比较

省区市	整体均值	排名	省区市	整体均值	排名	省区市	整体均值	排名
北京	1.4214	3	浙江	1.4067	4	海南	1.2557	20
天津	1.4979	1	安徽	1.2740	16	重庆	1.2364	22
河北	1.3092	14	福建	1.3767	6	四川	1.2315	23
山西	1.2604	19	江西	1.3607	8	贵州	1.1764	28
内蒙古	1.1939	27	山东	1.3643	7	云南	1.1437	30
辽宁	1.3217	13	河南	1.3372	11	陕西	1.2637	18
吉林	1.3087	15	湖北	1.3221	12	甘肃	1.1983	25
黑龙江	1.2541	21	湖南	1.3527	9	青海	1.1513	29
上海	1.4874	2	广东	1.3444	10	宁夏	1.1971	26
江苏	1.4039	5	广西	1.2061	24	新疆	1.2710	17

而排在后10名的分别是云南、青海、贵州、内蒙古、宁夏、甘肃、广西、四川、重庆和黑龙江。除黑龙江属于中部地区以外，其他省区市均属于西部地区。西部地区农业资源禀赋条件差异很大，很多丘陵山区地块零散，农村产业融合发展基础薄弱、城乡发展不平衡问题较为突出。贵州位于云贵高原，山川秀丽、资源富集，其农村产业融合发展水平较低的原因主要在于

地理环境和天气等因素。

纵观发达国家的成功经验可以发现，现代农村经济的发展需要依靠产业融合。凡是产业融合比较好的地方，农村经济的发展水平就比较高；凡是产业比较单一，尤其是单纯依靠农业的地方，农村经济的发展水平就相对落后。这些地区由于其他产业，尤其是服务业和信息产业的发展不平衡，导致了虽然当地有良好的农业产业化形式，但是并没有实现产业之间的融合，因此这些地区应针对当前情况制订相应的计划，以期在未来进一步实现农村产业融合发展。

第二节　数字普惠金融发展现状

一、数字普惠金融概念

数字普惠金融来源于普惠金融，普惠金融这一概念最早在 2005 年由联合国提出，以可负担的起的成本为有金融服务需求的社会所有阶层和群体提供恰当、有效的金融服务。国务院 2015 年出台的《推进普惠金融发展规划(2016～2020 年)》中明确了普惠金融的定义，金融机构立足于机会平等和商业可持续发展的前提下，在成本可控范围内为有金融需求的各阶层与群体提供适当、有效的其所需的金融服务。同时指出，这一行动的最终目的是让那些被排斥在外、没有优势的农民、小微企业等弱势群体有获得金融服务的机会，在一定程度上改善他们的生活水平。普惠金融可以在传统金融难以发挥作用的地方得到很好的施展。这对我国普惠金融发展作出了重要引导。互联网、大数据等数字技术的高速发展，改善了金融业的交易和服务模式。为顺应数字时代发展，普惠金融数字化是大势所趋。在此背景下，G20 峰会正式提出数字普惠金融，指出："一切通过使用数字金融服务来促进普惠金融的行为均属于数字普惠金融范畴。"数字普惠金融通过数字技术发挥普惠特性，为难以得到金融服务的群体提供所需的正规金融服务，打破了传统金融服务中所存在的"二八定律"，突破了地域的限制，对不同地区和消费层次的客户实现了广覆盖，大幅度提升了数字金融的覆盖广度，而且对金融机构来说是可持续的。另外，数字普惠金融可以弱化金融中介，从而降低门槛和交易成本。根据其具有的数字化特性，借助互联网和大数据技术，提升金融服务的可得性、便利性和交易效率。数字普惠金融并对金融风险进行精确识别、对资金的供需双方进行精确匹配，降低信息不对称风险，提高资金配置的风险管理效率。数字普惠金融以数字化技术为实现条件，在成本可控与模式可持续的基础上，为传统金融体系覆盖不足的低收入、偏远地区人群和小微企业等特殊群体提供一系列平等、全面、有效、便利的正规金融产品与服务，是驱动普惠金融可持续发展的新模式。

二、数字普惠金融指数介绍

北京大学数字金融研究中心与蚂蚁集团研究院在遵循了综合性、均衡性、可比性、连续性和可行性等原则的基础上构建了数字普惠金融指标体系，全面考察了数字普惠金融的发展情况，在现有传统普惠金融指标基础上，考虑互联网金融服务与传统金融服务新特征，兼顾了数据的可得性。从互联网金融服务的覆盖广度、使用深度和数字支持服务三个维度来构建指标体系，共包含24个指标，每个指标与维度都反映了数字普惠金融的某一视角，同时兼顾纵向与横向可比性，体现了数字金融服务的多层次性和多元化，以期客观、全面地反映数字普惠金融的实际发展状况。具体指标如表5.5所示。

表5.5　数字普惠金融指标体系

一级维度	二级维度	具体指标
覆盖广度	账户覆盖率	每万人拥有支付宝账号数量
		支付宝绑卡用户比例
		平均每个支付宝账号绑定银行卡数
使用深度	支付业务	人均支付笔数
		人均支付金额
		高频度活跃用户数占年活跃1次及以上比
	对个人用户	每万支付宝成年用户中有互联网消费贷的用户数
		人均贷款笔数
		人均贷款金额

续表

一级维度	二级维度	具体指标
使用深度	小微经营者	每万支付宝成年用户中互联网小微经营贷的用户数
		小微经营者户均贷款笔数
		小微经营者平均贷款金额
	保险业务	每万人支付宝用户中被保险用户数
		人均保险笔数
		人均保险金额
	投资业务	每万人支付宝用户中参与互联网投资理财人数
		人均投资笔数
		人均投资金额
	征信业务	每万支付宝用户中使用基于信用的生活服务人数
		自然人征信人均调用次数
数字支持服务程度	便利性	移动支付笔数占比
		移动支付金额占比
	金融服务成本	小微经营者平均贷款利率
		个人平均贷款利率

利用蚂蚁集团关于数字普惠金融的海量数据，先对计量单位不同的指标进行无量纲化处理，从而便于指标间对比。为保持指数的平稳性，并缓解极端者的影响，采取对数型功效函数法。将主观赋权与客观赋权结合来确定最终的权重，即基于层次分析的变异系数赋权法。先通过 AHP 层次分析法求各准则层指标对上层目标的权重，再利用变异系数法求各具体指标对上一层准则层的权重，求各具体指标对总目标的组合权重。最后用算术平均合成模型。指数合成时，是自下而上逐层汇总，先计算各层分组指数，然后由各层分组指数加权汇总得出综合指数。最终编制成在纵向与横向上具有可比性的全国 30 个省区市的数字普惠金融指数，结果如表 5.6 所示。

表 5.6　　2011~2019 年各省区市数字普惠金指数

	2011 年	2012 年	2013 年	2014 年	2015 年	2016 年	2017 年	2018 年	2019 年
北京	79.41	150.65	215.62	235.36	276.38	286.37	329.94	368.54	399.00
天津	60.58	122.96	175.26	200.16	237.53	245.84	284.03	316.88	344.11

续表

	2011 年	2012 年	2013 年	2014 年	2015 年	2016 年	2017 年	2018 年	2019 年
河北	32.42	89.32	144.98	160.76	199.53	214.36	258.17	282.77	305.06
山西	33.41	92.98	144.22	167.66	206.3	224.81	259.95	283.65	308.73
内蒙古	28.89	91.68	146.59	172.56	214.55	229.93	258.5	271.57	293.89
辽宁	43.29	103.53	160.07	187.61	226.40	231.41	267.18	290.95	311.01
吉林	24.51	87.23	138.36	165.62	208.20	217.07	254.76	276.08	292.77
黑龙江	33.58	87.91	141.40	167.80	209.93	221.89	256.78	274.73	292.87
上海	80.19	150.77	222.14	239.53	278.11	282.22	336.65	377.73	410.28
江苏	62.08	122.03	180.98	204.16	244.01	253.75	297.69	334.02	361.93
浙江	77.39	146.35	205.77	224.45	264.85	268.1	318.05	357.45	387.49
安徽	33.07	96.63	150.83	180.59	211.28	228.78	271.6	303.83	330.29
福建	61.76	123.21	183.10	202.59	245.21	252.67	299.28	334.44	360.51
江西	29.74	91.93	146.13	175.69	208.35	223.76	267.17	296.23	319.13
山东	38.55	100.35	159.30	181.88	220.66	232.57	272.06	301.13	327.36
河南	28.40	83.68	142.08	166.65	205.34	223.12	266.92	295.76	322.12
湖北	39.82	101.42	164.76	190.14	226.75	239.86	285.28	319.48	344.4
湖南	32.68	93.71	147.71	167.27	206.38	217.69	261.12	286.81	310.85
广东	69.48	127.06	184.78	201.53	240.95	248.00	296.17	331.92	360.61
广西	33.89	89.35	141.46	166.12	207.23	223.32	261.94	289.25	309.91
海南	45.56	102.94	158.26	179.62	230.33	231.56	275.64	309.72	328.75
重庆	41.89	100.02	159.86	184.71	221.84	233.89	276.31	301.53	325.47
四川	40.16	100.13	153.04	173.82	215.48	225.41	267.80	294.3	317.11
贵州	18.47	75.87	121.22	154.62	193.29	209.45	251.46	276.91	293.51
云南	24.91	84.43	137.90	164.05	203.76	217.34	256.27	285.79	303.46
陕西	40.96	98.24	148.37	178.73	216.12	229.37	266.85	295.95	322.89
甘肃	18.84	76.29	128.39	159.76	199.78	204.11	243.78	266.82	289.14
青海	18.33	61.47	118.01	145.93	195.15	200.38	240.20	263.12	282.65
宁夏	31.31	87.13	136.74	165.26	214.70	212.36	255.59	272.92	292.31
新疆	20.34	82.45	143.40	163.67	205.49	208.72	248.69	271.84	294.34

三、数字普惠金融发展分析

（一）数字普惠金融整体发展分析

从图 5.2 可以看到，2011 ~2019 年全国整体层面的数字普惠金融水平大幅度提升，呈现快速增长趋势。目前中国的电子支付发展水平居于世界前列，为数字普惠金融的发展提供了强有力的支撑。根据的增长幅度将数字普惠金融发展过程分成 3 个阶段。2011 ~2015 年是发展积累阶段，这段时间随着互联网科技的迅速发展，支付宝、蚂蚁金服等的出现，给数字普惠金融的发展提供了良好发展契机；2015 ~2016 年是有发展“瓶颈”阶段，在这一时期海南和浙江等几个省份增幅较小，宁夏甚至出现下降；2016 ~2019 年是稳定发展阶段，随着一系列数字普惠金融规范的文件的颁布，数字普惠金融慢慢步入规范化发展，发展水平稳步提升。近几年，数字普惠金融的增长速度有所放缓，这是因为数字金融市场发展在不断成熟，其发展进程由高速增长转向常态增长。

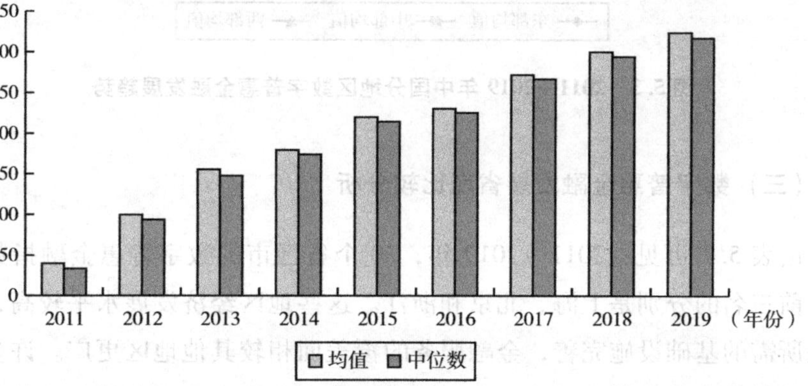

图 5.2　2011 ~2019 年中国数字普惠金融指数均值及中位数

（二）数字普惠金融发展区域分析

由图 5.3 可知，30 个省区市在 2011 ~2019 年的数字普惠金融发展水平呈现东部地区最高，中部次之，西部最低的现象。数字技术虽然可以摆脱地理空间的束缚，让各地居民都能享有普惠成果，但金融是数字普惠金融的本质，数字普惠金融发展还需要遵循金融发展的规律，而金融服务还不能脱离人们的经济生产生活而独立存在，而东部人口较中西部来说更为集中，因此，集聚效应让东部地区的数字普惠金融发展水平具有相对优势。中西部地区应该在借鉴东部经验，并依照自身发展的实际情况下，把握机遇，制订适合自身发展的方案，提升经济实力，从而吸引金融资源聚集。同时发达地区要发挥引领作用，促进区域内部的协调发展，引导金融资源向欠发达地区流动，推动数字技术在不同区域之间的扩散和转移。

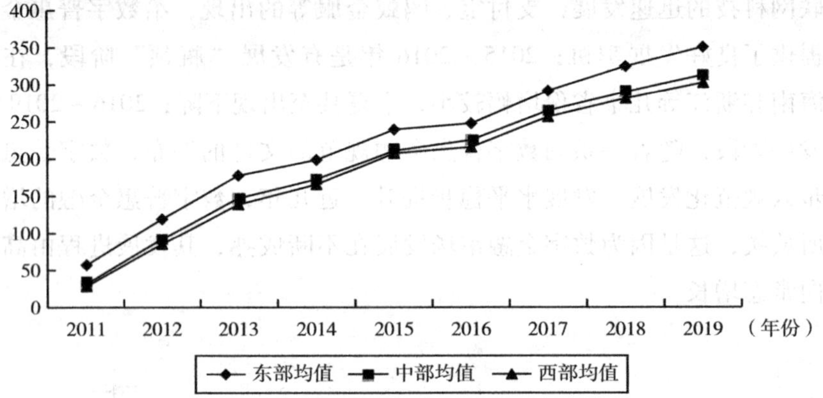

图 5.3　2011～2019 年中国分地区数字普惠金融发展趋势

（三）数字普惠金融发展省域比较分析

由表 5.7 可见，2011～2019 年，30 个省区市的数字普惠金融指数均值排在前三名的分别是上海、北京和浙江。这些地区经济发展水平较高，金融发展所需的基础设施完善，金融服务的覆盖面相较其他地区更广。许多优质的金融科技企业在北京成立，这里同时也设立着许多金融监管机构总部，北京的政策支持度与监管协同性强。上海致力于打造国际金融中心，在探索“大都市型普惠金融的上海模式”方面有积极的实践，小微企业金融服务的专业化水平居全国前列。杭州是互联网金融的发源地，有一批正在迅速成长的原生态金融科技公司，使杭州在金融科技领域有着较强的竞争力。排名后三位的是青海省、甘肃省、贵州省。可见各区域发展不平衡，西部地区发展较为落后，西部地区应总结自身不足，同时借鉴先进地区的发展经验，根据本地优势实施适合自身发展的金融政策，加快数字普惠金融基础设施建设，为金融机构发展提供良好的市场环境。

表 5.7　　2011～2019 年各省区市数值普惠金融发展水平比较

省区市	数字普惠金融指数	省区市	数字普惠金融指数	省区市	数字普惠金融指数
上海	264.180	山东	203.762	内蒙古	189.796
北京	260.141	辽宁	202.383	河北	187.486
浙江	249.989	安徽	200.767	黑龙江	187.432
福建	229.197	陕西	199.720	云南	186.434
江苏	228.961	四川	198.583	宁夏	185.369
广东	228.944	江西	195.348	吉林	184.956
天津	220.817	河南	192.674	新疆	182.104
湖北	212.434	湖南	191.580	贵州	177.200
海南	206.931	广西	191.386	甘肃	176.323
重庆	205.058	山西	191.301	青海	169.471

第三节　数字普惠金融支持农村产业融合发展现状

金融服务使用程度稳步加深，普惠小微贷款迅速增长，呈现量增、价降、面扩的发展势态。金融服务的可得性持续改善，互联网的普及与信息技术的发展降低了金融服务获得的门槛，显著改善了大众对金融服务的获得感。金融支持乡村产业融合力度不断加大。目前 5 家大型银行在总行和所有的一级分行均成立了普惠金融事业部，10 家股份制银行已经设立了专职开展普惠金融业务的部门，在内部资金优惠、单列信贷计划、授信尽职免责等普惠金融的重点领域服务方面实行差异化的激励机制。

一、信贷与保险方面

涉农贷款是信贷资金对农业领域的贷款，这是农村经济发展的重要支撑和主要金融手段之一。截至2019年6月底，全国涉农贷款总共的余额为34.24万亿元，比2007年创立时的6.1万亿元增长了4.61倍，其中农户的贷款余额是9.86万亿元，而普惠型涉农贷款的余额是6.10万亿元，在全部涉农贷款中占比为17.80%，比其他各项贷款平均增速高1.11个百分点。全国农业保险为1.17亿户次，为农户提供了约2.57万亿元的风险保障，支付给受灾农户1500.52万户次赔偿，赔款达203.09亿元。

二、电子支付方面

电子支付普及率继续提升。截至2019年年底，全国成年人中使用电子支付的占比达85.37%，其中农村地区的成年人使用电子支付比例为76.21%。发展最为迅速的是网络支付和银行移动支付业务，移动支付持续快速增长，网络支付呈现笔数多、每笔平均金额小的特点。农村网络金融的不断发展，农村地区电子支付的进一步推广，支撑了农村电商发展。农村发生网银支付63.54亿笔、总金额为74.27万亿元；移动支付47.35亿笔、总金额为31.17万亿元；银行机构为农村电商支付办理业务3.57亿笔、总金额共计4030.33亿元；银行卡助农取款服务点发生支付业务2.14亿笔、总金额达1813.25亿元。移动支付业务笔数和金额较上一年均有了明显的增加，说明我国农村地区支付体系和网络金融在持续地发展提升。

三、小微贷款方面

普惠小微贷款迅速增长，支持小微经营主体的覆盖范围持续扩大，贷款利率持续下降。一些金融机构利用工业企业贷款风险补偿金，充分发挥政府基金增信和风险分担与撬动的作用，建档立卡贫困人口贷款的覆盖面一直稳步提升。2019年年末，普惠型小微企业贷款余额是11.59万亿元，普惠小微贷款支持小微经营主体2704万户，与年初相比全年增加565万户。新发放的普惠型小微企业贷款的平均利率是6.7%，比2018年全年的平均利率下降了0.69个百分点。金融机构用工业企业贷款风险补偿金给小微与民营企业共累计发放201.9亿元贷款。

全国建档立卡贫困人口和已脱贫人口贷款总余额为7139亿元，这惠及2013万贫困人口，贷款覆盖面为25.4%，比上年末提高3.5个百分点。

四、助农取款点方面

人民银行一直在不断巩固银行卡助农取款服务，稳定加大偏远乡村的支付服务供给，一些机构在助农取款服务网络上，叠加了金融知识宣传、农村电商和代买火车票等服务，进一步满足了偏远贫困地区农村居民的需求。截至2019年年底，全国范围一共设置了87.35万个银行卡助农取款服务点，村级行政区覆盖率达99.21%。农村助农取款服务点一共办理4.26亿笔支付业务，总金额为3549.36亿元。

第四节　数字普惠金融支持乡村产业融合发展中的问题

普惠金融发展满足了农村地区对金融服务的需求，实现了“三农”发展目标，但是在农村数字普惠金融发展过程中却面临许多问题。

一、数字鸿沟

数字普惠金融提供了新的金融服务渠道，但是其对线下服务渠道造成了冲击，在一定程度上带来了数字鸿沟与数字排斥等问题。部分地区农村金融服务的覆盖率还处在较低水平，缺少传统金融机构的物理网点。传统金融机构考虑到成本较高而利润较低大多撤销了偏远农村地区的网点。虽然有小型金融机构在农村发展，但是网点也大多设立在经济条件比较好的县域和郊区，偏远农村地区金融服务仍然空白，无法满足当地经济发展的金融需求，并且还存在基础设施落后和科技发展水平较低等问题。在数字普惠金融推广前期面临的主要问题是投入成本和贷款风险较高。另外，城乡经济发展不平衡，农村劳动力涌向城市，导致城市人口密度高，而农村人口密度低，使金融服务的普及难度加大，这也是农村金融体系建设过程中比较突出的问题。

二、发展基础薄弱

虽然我国的互联网覆盖范围在扩大，金融产品也一直在推陈出新。但金融服务、信用体系建设和电子商务等仍然不够健全，各类数字金融产品的使用率较低。农村金融服务依然比较薄弱，农村互联网区域间的差异较大，各地互联网金融产品质量差异明显，真正与“三农”对口的金融产品少。例如，一些偏远地区交通极为不便利，少数地区仍然还没有建立银行网点、通信网络等基础设施，不利于金融机构给农村居民和企业进行评估并提供相匹配的金融服务。群众面临银行网点少，融资门槛高且理财方式少，物流平台网点匮乏，没有真正实现“便民”，限制了数字普惠金融的普及推广和运用。

三、信用体系不完善

农村信用体系不完善，互联网金融业务的征信体系覆盖不全面、农民征信数据不足、法律监管不到位，农村居民信用贷款比例有待进一步提升。农村比较滞后的法制建设与金融监管现实需求间的矛盾，导致监管部门对金融机构不能进行有效监管。一些 P2P 平台看到农村金融相关制度还不完善这一漏洞，躲避政府的监管，进行诈骗和非法集资，严重损害了农民的权益，也削弱了民众对数字普惠金融的信任。另外，欠发达地区的金融机构发放贷款的前提条件仍然是要有固定资产抵押和担保公司担保，特色贷款如信用贷款、无形资产质押等推广进度比较慢，融资规模有限，不利于拓展数字普惠金融的广度和深度。

四、数字金融素养有待提高

由于农村金融的发展较晚且速度较慢，使金融环境欠佳。目前农民和老年人的金融素养较为薄弱，对比较复杂的金融产品和服务了解程度较低，对家庭财务规划和管理等方面的知识还较为欠缺。数字素质是农业农村数字建设的基础，对互联网技术掌握不够熟练，往往无法自己操作程序复杂的互联网金融产品，造成数字金融广泛普及难度更大。这些群体依赖传统金融服务，难以适应线上服务，要求金融服务设计的要多元化、人性化，农村群众的数字素养有待提高。另外，农村地区的信用观念淡薄，时常发生信贷违约现象，使农村不良贷款率较高，从而使金融机构减少了对农村的资金投入，导致数字普惠金融的普及、掌握到最终使用这一过程发展较为缓慢。

| 第六章 |

数字普惠金融对农村产业融合发展影响研究

从第五章数字普惠金融和农村产业融合发展的现状分析可知，在样本期内，中国农村产业融合发展水平呈现出不断提升的态势，与此同时，数字普惠金融支持农村产业融合发展的基础不断夯实、实践持续拓展。那么，数字普惠金融是否有效地提升了中国农村产业融合发展水平呢？为了规范解答此问题，本章将尝试利用 2011～2019 年中国省际面板数据，构建面板模型，系统考察数字普惠金融及数字普惠金融不同维度对中国农村产业融合发展的影响及其区域差异。

第一节　引　　言

一、研究背景

促进乡村产业融合发展，是以习近平同志为核心的党中央面对新时代农村改革发展遇到的新问题作出的重大决策部署，是推动农业提质、农村兴旺、农民增收的重要手段。农村产业融合发展既是实现乡村振兴的必然途径也是探索农业现代化道路的必然选择（熊磊，2021），推动农村产业融合发展已经成为“三农”工作的重心。

在国家政策的引导和多方配合努力下，农村产业融合发展虽然已经取得一定成效（张林等，2019），但随着发展步伐的不断加快，其对资金需求的数量、金融产品的种类和服务方式也提出了更高的要求，农业经营主体仍面临融资难、融资贵、融资慢等问题（何宏庆，2020）。而作为数字经济发展产物的数字普惠金融将数字科技与普惠金融跨界融合（马黄龙等，2021），可以突破时空限制，以较低的成本实现资金供需匹配，有效破解金融地域歧视，进一步增强农村金融的可得性，在缓解农村产业融合发展资金约束方面发挥着一定的作用。然而数字普惠金融在农村产业融合发展中能否取得预期效果，还依赖于是否深入把握数字普惠金融产生经济效应的机理，及时纠正其发展过程中存在的问题。因此，本章就数字普惠金融对产业融合发展影响效果和机理进行分析，以期为产业融合发展提供理论支持。

二、研究意义

农村产业融合发展是新阶段我国农业农村经济发展的重大战略，是推进农业供给侧结构性改革的重要途径，是拓宽农民增收渠道，建设现代农业产业体系的重要措施。其顺应了我国农业经济发展的新形势和新要求，对农业“转方式、优结构、提效益、促增收”具有重要意义。因此，研究如何利用金融手段有效支持农村三次产业融合发展具有战略性意义。为了更深层次地分析金融对农村三次产业融合发展的作用机理和规律，使金融能够充分发挥出应有的作用，本章首先对数字普惠金融对产业融合发展影响的机理进行了分析，然后利用实证证明了数字普惠金融在乡村产业融合发展中的作用，并根据研究结果提出对策建议。对于进一步提升金融支持对农村三次产业融合发展的影响效应具有现实意义，为更好地开展“三农”工作提供了理论依据。

第二节　理论基础

一、金融理论

（一）金融发展理论

金融发展理论包含金融结构论、金融抑制论、金融深化论和金融约束论。金融结构论是金融发展理论的基础，其创立者为戈德史密斯，该学者整理分析了35个国家将近100年的资料，得到金融相关比率与经济发展水平呈正相关的这一结论，并指出金融结构的变化是金融发展的实质，良好的金融结构有利于推动经济增长。金融抑制论由麦金农提出，他在《经济发展中的货币与资本》中指出，因为发展中国家存在各种金融管控，使利率和汇率发生了扭曲，这时不能准确地反映资金外汇供求和资金供求关系。当出现通货膨胀或人们发现利率被压低时，这时的利率管制会使信贷资金的配置效率低下。另外，货币持有者会因收益过低甚至亏损，转而持有实物，从而不再将银行储蓄作为投资媒介，银行的储蓄资金下降，其投资媒介作用相应减弱，最终抑制了经济活动，从而引发“金融抑制”效应。金融深化论是由E. S. 肖提出的，他认为金融体制与经济发展间有着相互推动与相互制约的联系。他指出金融深化的动态发展一般为三个层次：首先，金融规模的不断扩大；其次，金融机构不断完善、金融工具种类逐渐增加；最后，金融市场机制及秩序逐步规范，金融资源实现优化配置，三个层次互为因果并相互影响。金融抑制论与金融深化论的研究分析表明，适当的金融改革可以有力促进经济增长和发展，解除金融压制，使金融深化和经济发展形成一个良性的循环。金融约束论由赫尔曼等学者提出，其核心内容是指政府应当适当干预金融发展，出台一些金融政策，在民间部门创造租金机会。在鼓励金融市场发展的同时也要达到既能避免金融抑制以及金融过度发展，又能让银行主动规避风险的目的，从而实现金融业的可持续发展，保证金融与实体经济良性互动。虽然资本要求是防止银行产生道德风险的工具，但是在发展中国家对存款利率进行控制要比银行资本控制更为有效。在金融约束大环境中，银行只要能够吸收到新的存款，就能够获得租金，这样就促使银行渴望找到新的存款来源。建立合理恰当数量的储蓄机构，能够吸收到更多的储户存款，因此如果政府在这时限制市场准入，更能促使银行为吸收更多的存款而用于投资，从而使资金供给增加，这样金融约束便促进了金融深化。发展中国家可以将金融约束作为从金融抑制状态到金融自由化的过渡政策，有利于解决信息不对称和监管不足等问题，避免市场“失灵”状况发生，金融约束论是金融深化理论的丰富和发展。

（二）金融排斥理论

金融排斥是指现行的金融体系中一些低收入或弱势群体没有能力进入或

以恰当的方式获得他们所需要的金融服务，他们被排斥在金融服务以外，难以从正规渠道取得基础金融产品和服务或者所获金融服务不足，例如，金融机构受到流动性风险、道德风险以及逆向选择的约束，弱势群体和小微企业的资产与盈利能力等难以达到金融机构的要求，并且提供分散且规模较小的服务会使成本增加，这与其逐利性不相符，所以金融机构不愿意向偏远地区和劳动能力低下等不符合自身盈利要求的人群贷款。在经济较发达的地区，可以较容易地获得金融服务，但在公共交通不便利、经济相对落后的偏远地区，金融服务辐射能力较弱，在社会中被金融机构边缘化，居民难以享受到金融服务所带来的便利，他们获取及利用金融产品与服务会存在许多困难和阻碍，因其受到许多限制也会使获取金融服务的成本相对较高，更有甚者会直接被金融体系拒之门外，这使其没有办法充分参与到经济活动中，进而抑制经济增长。金融排斥理论揭示了金融服务供需中所存在的矛盾。但这些群体恰恰是普惠金融的重点服务对象，普惠金融发展对抑制金融排斥、促进偏远地区经济发展更能发挥重要作用。

金融服务门槛效应是指在金融市场发展不完善的情况下，一方面，信息不对称的存在导致金融机构具有较高的风险管理成本；另一方面，金融基础设施建设的缺乏导致金融机构需要投入大量的运营成本。金融机构具有明显的利润偏好，它们更倾向服务于高净值用户，从而执行不同程度的信贷配给，金融机构对其金融产品和服务的提供设置了一定的显性或隐性门槛。低收入阶层由于自身禀赋受限、财富积累不足，难以越过金融机构设置的服务门槛，无法获得来自金融机构的信贷资金，甚至无法获得常规的存贷服务。贫困家庭在短期内通常无法提高当期收入，如果没有金融体系的外生助力，难以摆脱“贫困陷阱”的恶性循环。高收入阶层则可以凭借自身的信用，越过金融机构设置的借贷门槛，借助金融机构的信贷资金杠杆，选择具有较高投资收益率的项目，从而获得远高于劳动收入的财产性收入。

二、农村产业融合发展理论

（一）产业集群理论

产业集群的理念最早由亚当·斯密在《国民财富的性质和原因的研究》

中提出，他认为产业集群就是“若干具有分工特性的企业为了完成产品制造而联合的生产群体”，并主张在产业分工的基础上研究产业聚集问题。而后在19世纪末产业聚集理论开始发展，马歇尔认为企业集聚最根本的原因是获取外部规模经济效应，这为产业集群理论的发展奠定了基础。

产业集群的出现实现了资源要素的优化配置，降低了生产成本，打造了区位优势，为产业融合发展提供了强有力的支撑。产业集群可以视为单一产业内部的融合，而多个产业集群间融合的总和则构成了真正意义上的产业融合。产业集群是产业融合的基础，产业融合是产业集群发展的更高级阶段，也是产业集群发展的必然结果（柴青宇，2021）。

（二）农业多功能理论

20世纪80年代，日本政府最早提出了农业多功能理论。而后联合国在《21世纪日程》中采纳了农业多功能的理念并多次明确提出不能忽略农业多功能性的特点。农业的多种功能对社会经济发展，包括支持就业、环境保护、可持续发展等方面起到积极作用。世界粮农组织于1999年把农业多功能性理论作为发展农业的政策性指南。而我国在2007年中央一号文件中首次提出农业多功能性开发问题，强调“农业在具有食品保障功能的同时还具有原料供给、就业增收、生态保护、观光休闲、文化传承等功能，现代农业的建设，必须注重开发农业的多种功能性”。

农业的多功能性主要体现在以下几个方面：一是保障功能，农业可以为人类的生存和发展提供食品，在保障粮食安全、维护社会稳定方面发挥着重要的作用；二是经济功能，即农业可以保障农民收入和就业；三是生态环境保护功能，农业生产通过建立科学、绿色、合理的农田生态系统及生产方式，可以达到修复土壤、涵养水分、保持水土、调节气候、维护生物多样性、净化农业资源环境等目的，对人类生存环境的改善均具有重大作用；四是文化功能，农业具有丰富的自然资源以及田园景观，所以它在提供休闲场所、保护文化多样性方面也发挥着一定的作用。

农业多功能理论是在生产实践中归纳、总结出来的理论。它突破了传统农业的思维框架，着重注意农业生产活动对经济、社会、环境等方面的影响，为农村产业融合发展提供了具体路径。

三、数字普惠金融促进农村产业融合理论

（一）推行农村产业融合发展的必要性

农村产业融合是从农村地区全面发展的角度提出的，这与我国农业发展过程中所遇到的问题密切相关。其主要存在粮食缺乏、财政支持分散、政策着力点与农民收入结构不协调、农产品价格倒挂等问题。解决好这些问题是“三农”工作的关键。而农村产业融合就是这些情况的解决之道、是农村发展的出路。我国农业需要加快转方式、调结构的步伐，进而能够主动地适应经济新常态。化解“三农”发展的难题，农村产业融合是关键，主要体现在以下几个方面。

1. 农村农业自身存在问题。

即使在科技发达的今天，农业生产仍然存在许多不确定性，农业生产依然要靠天吃饭。由于农产品信息不互通，仅仅依靠市场的调节作用就可能会发生“菜贱伤农”的现象，从而进一步提高了农业生产的风险、增加了收益的不确定性。农民无法从农业劳作中获取稳定可观的收入，因此，农民不得不找寻其他途径来赚取收入，如去城市里打工，农民工为城市建设贡献了巨大的力量。而乡村发展却面临“空巢村”“留守儿童”和人居环境脏乱等问题，这些问题制约了农村发展。要克服这些农村农业自身存在的问题，首要的就是为农民解决好出路，让农民能在家门口就业、创业，并可以在农业生产中获得效益。实践表明，农村产业融合发展可以为解决农村农业发展中遇到的问题增添助力。

2. 满足人民的物质和文化需求。

目前，我国社会的主要矛盾是人民日益增长的美好生活需要和不平衡不充分发展之间的矛盾。要想满足人民日益增长的美好生活需要，在农业领域就包含物质与文化两个方面。在物质方面，群众对农业生产及农产品加工提出了更高的要求，对农产品的需求趋于多元化、健康化和个性化。因此要实现消费者与农业生产和加工企业间的信息反馈互通，进行农业供给侧结构性改革，提升农业供给体系的效率，进而满足市场的消费需求。在文化方面，群众对农业文化有了更高的需求和多样化的追求，休闲农业和乡村旅游是近

年来消费者的热点选择，各地的乡村民俗文化成为宝贵的区域特色，为旅游业发展增光添彩。农村三次产业融合能够满足人民日益增长的物质和文化需求。

3. 贯彻新发展理念的必然要求。

2015 年在党的十八届五中全会上，习近平总书记提出了“创新、协调、绿色、开放、共享”的发展理念。2016 年，习近平在中共中央政治局第三十次集体学习时强调：新发展理念就是指挥棒、红绿灯。农村产业融合发展是在党的十八大以后提出来的，是一种新的发展理念。1978 年的家庭联产承包责任制有效调动了农民的生产积极性，解放和发展了生产；1998 年，江泽民同志对建设“中国特色社会主义新农村”做出指示，在经济上，要不断解放和发展农村生产力；在政治上，坚持中国共产党的领导；在文化上，坚持全面推进农村社会主义精神文明建设，培养新型农民。2005 年，胡锦涛同志提出了要“建设社会主义新农村”，明确地把其定位为“实现全面建设小康目标的难点和关键”。改革开放以来，党一直在对农业农村发展政策进行不断优化，有效地促进了农业农村的发展。新发展理念的提出，是顺应新时代农业农村发展的必然结果。农业农村要想发展也必须不断创新农业农村发展方式，适时调整发展战略，让新的发展战略运用于农村实际。农村产业融合发展顺应时代趋势，有利于提升农业农村发展水平，缩小城乡差距；有利于加强各部门和产业间的联系，提高资源的利用率；还能给农民提供就业机会，增加农产品的附加值，使农民收入增加，让改革发展的成果更多地惠及农民。因此，农村产业融合发展，是农业农村贯彻落实新发展理念的必然要求。

（二）数字普惠金融促进乡村产业融合发展机理

乡村产业融合发展是一项复杂的系统性工程，需要强有力的技术和金融支持。数字普惠金融共享、便捷、低成本、低门槛的特点，能延伸金融服务的触角，降低交易成本，扩大金融服务的范围和覆盖面，是破解农民融资难、融资贵的突破口（徐绍峰，2021）。一方面，数字普惠金融可以凭借其开放、平等、协作、共享的优势，有效减少金融机构对偏远地区收集信用信息的困难，克服传统金融服务的金融排斥性，提高了乡村产业融合发展的金融可获得性；另一方面，数字普惠金融推出的“金穗惠农 e 通”平台、“智慧乡村”平台等，扩大了产业融合发展中融资的范围，满足了产业融合发展中需求端多元化、多层次的需求；最后就是数字普惠金融通过互联网、大数据等技术打破传统物理网点局限，不断创新金融产品和服务，缓解了农村信贷的约束，增加了金融的供给（何宏庆，2021）。

另外，数字普惠金融的迅速发展，不仅提升了农村金融服务水平、优化了资源配置效率，还给农民收入增长带来重要契机，数字普惠金融对农民增收具有显著促进作用（王水仓，2021）。它通过缓解排斥、缓解流动约束和降低门槛等途径显著促进了农村居民的收入（易行健等，2018）。

综上所述，数字普惠金融通过信贷业务和促进农民增收两个方面改善了农村地区资金困乏的局面，为农村产业融合发展提供了必要的资金支持。这不仅有利于新型经营主体的培养，还有利于现代农业体系、生产和经营体系的构建（张林等，2019）。因此，数字普惠金融发展有助于促进农村产业融合发展。

第三节　数字普惠金融促进农村产业融合发展实证研究

一、模型构建与变量选取

（一）模型构建

为了检验数字普惠金融对农村产业融合发展的影响及其区域差异，本节借鉴目前学术界有关农村（或农业）产业结构调整影响因素研究的通常做法，构建如下面板数据模型：

$$RID_{it} = \alpha_0 + \alpha_1 DIF_{it} + \alpha_3 X_{it} + \sigma_{it} \tag{6.1}$$

其中，RID_{it}表示第 i 个地区 t 时间的农村产业融合水平，DIF_{it}为第 i 个地区 t 时间数字普惠金融发展水平，X_{it}为一系列控制变量，ε_{it}为模型的误差项。

（二）变量选择

（1）被解释变量。

农村产业融合发展水平（RID），利用前面第五章构建的农村产业融合发展综合评价指标体系以及权重的确定方法，计算得到各年各省区市农村产业融合发展的综合指数。

（2）核心解释变量。

数字普惠金融（DIF）。选取北大数字金融研究中心2021年4月发布的数字普惠金融指数作为解释变量，考虑到该指标与前面计算的乡村产业融合发展指数相差较大，不在同一数量级，将其除以100作为下面实证分析的数据。

（3）控制变量。

在核心解释变量的基础上，参考以往学者研究成果（程莉等，2020；张林等，2019；韩晓玲等，2019），从产业融合发展驱动力视角出发，选择以下控制变量：

农村人力资本（RL），农户是科技成果的使用者，农村人力资本的高低会影响到农业科技的推广，进而影响农村产业融合发展。农村人力资本用农村居民平均受教育年限来测度。该指标计算方法为：平均受教育年限 =（小学学历人数 ×6 + 初中学历人数 ×9 + 高中学历人数 ×12 + 大专及以上学历人数 ×16）/六岁以上人口数。农村固定资产投资（JTZ），农村固定资产投资是农村产业发展的基础，这里用农村固定投资总额除以农村人口数来表示。财政支农（CZN），用财政农林水事务支出与农业GDP的比来表示。

（三）数据来源

由于2011年之前缺少数字普惠金融指标数据，加上西藏和港澳台数据的缺乏，因而本章最终确定研究的样本为2011～2019年全国30个省区市。原始数据来源于历年《中国农村统计年鉴》《中国农业年鉴》《城乡建设统计年鉴》《中国金融年鉴》《中国教育年鉴》《中国统计年鉴》《中国工业统计年鉴》《中国科技年鉴》以及各省区市历年统计年鉴、中经网，部分缺失数据采用线性插值法补齐。为了缓解异方差对估计结果的影响，本章对农村固定资产投资、农村人力资本分别取对数。

（四）变量的描述性统计

通过对2011～2019年相关变量进行描述性统计分析，得到结果如表6.1所示。从表6.1中可以看到，财政支农的最大值与最小值的比为68∶1，标准差为2.011，相对也比较大，这说明我国各地区财政支农水平存在明显差异；数字普惠金融指数均值为2.034，最小值为0.183，最大值为4.103，这说明在数字普惠金融发展水平低的地区，数字普惠金融还有很大的提升空间。产业融合发展水平的最大值为1.578，最小值为1.085，标准差为0.1，说明各地区产业融合发展水平差距较小；各地农村人力资本水平相差也比较小；农村人均固定投资比较少，各地差距相对也比较大，这说明在今后的发展中还要不断加大农村固定资产投资力度；从农村科技创新指数可以看出，各地农业科技创新水平仍然较低，且各地差距也比较大。表6.1列出了相关变量统计描述结果。

表6.1　变量的描述性统计

变量	样本量	均值	标准差	最小值	最大值
RID	270	1.298	0.100	1.085	1.578
DIF	270	2.034	0.916	0.183	4.103
CZN	270	1.288	2.011	0.201	13.791
LJTZ	270	-1.469	0.980	-5.653	0.302
LRL	270	2.050	0.079	1.779	2.282

二、整体回归结果与分析

（一）结果分析

这里对式（6.1）分别利用OLS模型、固定效应模型和随机效应模型进行估计，以检验数字普惠金融对农村产业融合发展的影响，结果见表6.2。由表6.2中模型1的结果可知，在不加入控制变量的情况下，数字普惠金融对农村产业融合发展的影响是0.0385，且在1%的显著水平下通过了检验，这表明数字普惠金融对农村产业融合发展具有正向促进的作用。加入控制变量后，如果不考虑地区差异（模型2），数字普惠金融对农村产业融合发展仍具有显著的推动作用。考虑到地区差异的影响，同时加入其他控制变量，分别利用个体固定效应模型（即模型3）和个体随机效应模型（即模型4）进行估计，结果显示，在1%显著水平下，数字普惠金融对农村产业融合发展的促进作用依然存在。结合四个模型的估计结果可知，数字普惠金融可以促进农村产业融合发展，与理论分析结果一致。对于其他控制变量，由三个模型估计的结果知，在全国范围内，财政支农对农村产业融合发展的促进作用比较稳健，而农村人力资本和固定资产投资对产业融合发展的影响不确定。

表6.2　　　　数字普惠金融对农村产业融合影响估计结果

变量	模型1	模型2	模型3	模型4
	固定效应	OLS	固定效应	随机效应
DIF	0.0385 ***	0.0375 ***	0.0279 ***	0.0265 ***
	[12.6305]	[6.7852]	[6.8308]	[6.2565]
CZN		0.00582 **	0.00816 ***	0.00845 ***
		[2.2240]	[3.3514]	[3.2380]
LJTZ		-0.0112 **	0.0113 **	0.0108 **
		[-2.0845]	[2.2959]	[2.1596]
LRL		0.651 ***	0.0825	0.189 ***
		[12.1402]	[1.2346]	[2.9637]
Con	1.219 ***	-0.137	1.078 ***	0.861 ***
	[196.5031]	[-1.2910]	[8.2249]	[6.6424]
地区控制	是	否	是	是
N	270	270	270	270
R^2	0.266	0.5794	0.7604	0.7572
地区数	30	30	30	30

注：[ ] 内的数值为t统计量值，** 、*** 分别表示在5%和1%水平下的显著性。

（二）内生性处理

前面在考察数字普惠金融对农村产业融合发展的影响时可能存在内生性

问题。一是虽然基准回归中加入了影响农村产业融合的控制变量，但仍有可能存在遗漏变量导致扰动项与解释变量相关；二是数字普惠金融和农村产业融合发展之间可能存在因果关系，即农村产业融合可能会反过来影响数字普惠金融的发展，农村产业融合水平高的地区，经济发展水平、基础设施较好有利于数字普惠金融水平的提高。鉴于此，本章采用工具变量法来进行两阶段最小二乘估计，以克服基准回归中的内生性问题。

这里利用数字普惠金融的两种工具量来进行分析。一种是借鉴易行键、周利（2018）的做法，用数字普惠金融的一阶滞后和一阶差分的乘积构建 Bartik 工具变量（iv_bartik）；另一种是借鉴钱海章等（2020）的做法，采用人均电信业务量作为工具变量（iv_pp），具体估计结果见表 6.3。表 6.3 中模型 1 中工具变量不可识别检验（LM 统计量的 p 值为 0）与弱工具变量检验（Wald F 统计量值为 51.714）均通过了检验，表明工具变量是有效的；在第一阶段的回归中，工具变量与数字惠普金融之间的相关性显著不为零，也说明了工具变量与内生变量高度相关，第二阶段回归中数字普惠金融的系数为 0.023 且在 1% 的显著水平下通过检验，与基准回归中数字普惠金融系数的符号和显著性一致，说明基准回归的结果是可靠的。模型 2 第一阶段的回归也表明，工具变量与数字普惠金融之间存在正相关关系，第二阶段回归中数字普惠金融系数也是显著为正，与基准回归结果一致。两种工具变量的估计结果均与基准回归结果一致，更进一步说明数字普惠金融对产业融合发展具有促进作用这一结论是可靠的。

表 6.3　　　　工具变量估计结果

变量	模型 1		模型 2	
	第一阶段	第二阶段	第一阶段	第二阶段
DIF		0.023*** [3.35]		0.032*** [5.99]
iv_bartik	0.287*** [8.42]			
iv_pp			1.340*** [8.72]	

续表

变量	模型 1		模型 2	
	第一阶段	第二阶段	第一阶段	第二阶段
CZN	0. 546 *** [11. 01]	0. 011 *** [3. 79]	0. 265 *** [7. 51]	0. 007 *** [2. 70]
LJTZ	6. 739 *** [5. 34]	0. 016 *** [3. 17]	0. 638 *** [13. 76]	0. 009 * [1. 91]
LRL	0. 805 *** [7. 19]	0. 103 [1. 18]	0. 772 *** [4. 43]	0. 006 [0. 57]
样本量	240	240	270	270
R^2		0. 709		0. 758

注：[ ] 内的数值为 t 统计量值，*、*** 分别表示在 10%、1% 水平下的显著性。

（三）稳健性检验

1. 剔除直辖市。

考虑到我国各地数字普惠金融发展存在的差异与四个直辖市地位的特殊性，有可能会导致结果不稳健，所以剔除北京、天津、上海和重庆四个直辖市重新进行回归，结果见表 6. 4。由表 6. 4 中结果可知，无论是普通最小二乘估计（OLS）、固定效应估计还是随机效应估计，数字普惠金融的系数都显著为正，与基准回归结果一致，说明数字普惠金融对农村产业融合发展的促进作用比较稳健。

表 6. 4　　删除直辖市估计结果

	模型 1 OLS	模型 2 固定效应	模型 3 随机效应
DIF	0. 0429 *** [7. 6057]	0. 0258 *** [4. 4940]	0. 0253 *** [4. 7280]
CZN	0. 00613 [0. 5913]	0. 00835 [0. 5582]	0. 0124 [0. 9990]
LJTZ	-0. 0169 *** [-2. 8578]	0. 0115 ** [2. 1058]	0. 0132 ** [2. 5186]

续表

	模型 1 OLS	模型 2 固定效应	模型 3 随机效应
LRL	0. 616 *** [10. 2469]	0. 251 *** [3. 1709]	0. 13 [1. 4033]
Con	-0. 0899 [-0. 7259]	0. 727 *** [4. 6827]	0. 975 *** [5. 3967]
N	234	234	234
R^2	0. 5248	0. 7469	0. 7504
地区控制	否	是	是
地区数	26	26	26

注：[ ] 内的数值为 t 统计量值，** 、*** 分别表示在 5% 和 1% 水平下的显著性。

2. 改变变量的计算方式。

这里对数字普惠金融指数取对数，以消除异方差的影响重新进行估计。由表 6. 5 中估计结果可以看出，与基准回归结果相比，三个模型中核心解释变量数字普惠金融系数的显著性和大小均未发生显著变化，这再次说明基准回归的结果是稳健的。

表 6. 5　　改变变量计量方式估计结果

变量	OLS	固定效应	随机效应
LDIF	0. 0445 *** [6. 5471]	0. 0229 *** [4. 1340]	0. 0231 *** [4. 2642]
CZN	0. 00818 *** [3. 2661]	0. 0139 *** [4. 0544]	0. 0143 *** [4. 2875]
LJTZ	-0. 0103 * [-1. 8808]	0. 0169 *** [3. 1348]	0. 0185 *** [3. 4480]
LRL	0. 653 *** [12. 0665]	0. 289 *** [3. 7586]	0. 201 ** [2. 4395]
con	-0. 296 *** [-2. 7418]	0. 595 *** [4. 0188]	0. 775 *** [4. 8221]

续表

变量	OLS	固定效应	随机效应
地区控制	否	是	是
N	270	270	270
R^2	0.5628	0.6997	0.6973
地区数	30	30	30

注：[ ] 内的数值为 t 统计量值，*、**、*** 分别表示在 10%、5% 和 1% 水平下的显著性。

三、分区域分析

（一）区域异质性分析

前面基于全国总样本研究了我国数字普惠金融发展对农村产业融合发展影响的总体效应，但其中是否存在区域异质性还需要进行进一步的检验。本章依据第五章对全国各省区市的区域划分情况，将我国 30 个省区市划分成东、中、西三个区域，并以此分为三个子样本，通过对三个子样本分别进行回归分析来检验农村金融对农村产业发展水平的影响是否存在区域异质性。

回归结果如表 6.6 所示，表 6.6 显示了我国东部、中部、西部三个地域数字普惠金融发展对农村产业融合发展的影响，可以看出，数字普惠金融对农村产业融合发展的影响具有区域异质性，其回归系数仅在东部和中部地区显著为正，在西部地区不显著；主要原因可能在于受经济发展水平以及地理位置等因素的影响，东部及中部地区金融体系和市场相对较完善，其数字普惠金融发展较快，因此数字普惠金融对农村产业融合发展的促进作用较为明显，而西部地区受经济发展及地理位置等因素的制约，其金融体系及金融市场发展较慢，其农村经营主体受到较多的金融排斥，其数字普惠金融的发展无法充分满足农村经营主体的需求，服务水平相对较低，因此西部地区的数字普惠金融对农村产业融合发展的作用不显著。

财政支农在东部地区对产业融合发展的影响显著为正，而在中部和西部地区均不显著；人均固定资产投资和人力资本对产业融合发展的影响仅在西部显著为正，而在东部和中部地区都不显著。

表 6.6　分区域回归结果

	东部	中部	西部
DIF	0.0378 *** [8.0938]	0.0380 ** [3.1740]	0.00321 [0.2899]
CZN	0.00614 ** [2.3228]	-0.0347 [-1.5034]	0.0175 [1.3212]
LJTZ	0.00639 [1.2985]	0.0149 [0.9051]	0.0263 ** [3.0539]
LRL	-0.043 [-0.5042]	0.268 [0.9012]	0.244 * [2.1899]
con	1.383 *** [7.7133]	0.722 [1.2345]	0.734 *** [3.3472]
N	99	72	99
R^2	0.8005	0.7547	0.8058

注：[ ] 内的数值为 t 统计量值，*、**、*** 分别表示在 10%、5% 和 1% 水平下的显著性。

（二）进一步讨论：区域异质性影响因素

前面的研究表明，数字普惠金融显著促进了农村产业融合发展，且这种影响存在明显的区域差异，接下来，本部分将进一步讨论这种区域差异的可能影响因素。从前面的实证结果分析可以看出，在数字普惠金融发展水平越高的地区，数字普惠金融化对农村产业融合发展水平的提升作用越强，因此，区域之间数字普惠金融的不同，可能是导致数字普惠金融对农村产业融合发展的促进效应存在区域差异的重要因素。事实上，这也意味着数字普惠金融对农村产业融合发展的促进效应可能存在一定的“门槛特征”，即在数字普惠金融发展水平的不同门槛值区间，数字普惠金融对农村产业融合发展的影响存在显著差异。为此，本部分通过构建面板门槛模型，以检验数字普惠金融对农村产业融合发展的促进效应是否存在基于数字普惠金融区域因素的门槛特征。

1. 模型设定与估计方法。

为了检验在不同的数字普惠金融发展水平区间内，数字普惠金融对农村产业融合发展影响的差异性，本部分借鉴 Hansen（1999）的研究思路，对数字普惠金融与农村产业融合发展之间的非线性门槛关系进行研究。基于计量模型的设定，本部分以数字普惠金融（DIF）作为门槛变量，同时以数字普惠金融（DIF）作为门槛依赖变量，构建了如下单门槛面板门槛模型，双门槛和多门槛模型的构造方法类似：

$$RID_{it} = \beta_0 + \beta_1 DIF_{it} \times I(DIF_{it} < \gamma) + \beta_2 DIF_{it} \times I(DIF_{it} \geqslant \gamma) + \beta_3 X_{it} + \varepsilon_{it} \tag{6.2}$$

2. 实证检验与结果分析。

首先，确定门槛模型形式。根据 Hansen（1999）的思路，在对面板门槛模型进行参数估计之前，先要进行门槛效应检验，结果见表 6.7。从表 6.7 中门槛效应检验的 F 统计值和对应的 P 值可以看出，模型通过了单门槛模型检验，这充分说明，数字普惠金融对农村产业融合发展的影响，确实存在基于数字普惠金发展水平的单门槛效应。

表 6.7　　　　门槛效应检验

门槛类型	F 值	P 值	临界值		
			10%	5%	1%
单一门槛	24.74	0.0167	14.5379	18.2573	26.7289
双重门槛	7.9	0.31	14.2927	24.1598	56.8765
三重门槛	9.47	0.1867	13.7852	21.4874	36.8519

其次，在确定了门槛模型的具体形式之后，对模型进行了估计，估计结果如表 6.8 所示。由估计结果可知，当数字普惠金融指数低于 3.441 时，数字普惠金融对农村产业融合发展的影响为正，且在 1% 的显著水平下通过了检验；当数字普惠金融指数高于 3.441 时，数字普惠金融对产业融合发展的促进作用显著提高。这验证了：随着地区数字普惠金融水平的不断提升，数字普惠金融对农村产业融合发展的促进作用不断提升。截至 2019 年，仅有北京、天津、上海、江苏、浙江、福建、湖北和广东八个省市数字普惠金融的发展水平越过了门槛值 3.441，而其他绝大多数省区市普惠金融的发展水平仍在门槛值之下。由此可见，要充分发挥数字普惠金融对农村产业融合的促进作用，还需要提高各地数字普惠金融发展水平。

表 6.8　　　　　　　　　　　　门槛模型估计结果

	系数	标准误	t 值	p 值
CZN	0.00439	0.00237	1.86	0.073
LJTZ	0.01266	0.00488	2.59	0.015
LRL	0.10167	0.064	1.59	0.123
DIF(DIF<3.441)	0.0265	0.0037	7.14	0.00001
DIF(DIF>3.441)	0.0374	0.00343	10.91	0.00001
con	1.0467	0.12476	8.39	0.0001

四、分维度分析

前面已证实数字普惠金融的发展在一定程度上确实可以推进乡村产业融合，但数字普惠金融是多层次多维度的金融创新，它的产品以及服务的使用广度与深度可以代表数字技术促进金融实现普惠价值时的覆盖范围与触达能力。数字化程度可以代表通过数字技术实现资金融通的成本变动与便利程度。因此，有必要进一步研究分析数字普惠金融在促进乡村产业融合时哪些服务维度对产业融合发展的影响更大。

本部分将从数字金融覆盖广度、使用深度以及数字化程度三个层面就数字普惠金融对乡村融合发展的影响进行进一步的探究。数字金融覆盖广度刻画了数字金融的普惠性，基于这一指标衡量数字金融的普惠性的提升，探究当逐渐打破传统金融中长期存在的“二八定律”给乡村产业融合发展带来的影响。数字金融使用深度是用来衡量数字技术对传统金融领域的介入程度，该指标的数值越大，表明传统金融业务与数字普惠金融融合的越深。本部分采用数字金融使用深度探究数字普惠金融与传统金融的融合程度给乡村产业融合发展带来的影响。数字金融数字化程度体现了数字金融服务的低门槛和低成本的优势，信用化、低成本和便利性是影响用户使用数字金融的重要因素，采用数字化程度探究技术的改善对于乡村产业融合发展的影响。为了避免内生性问题，这里直接采用工具变量法来进行两阶段最小二乘估计（工具变量为人均电信业务量），具体估计结果见表 6.9。

表 6.9　　　　数字普惠金融不同维度对产业融合发展的影响

	覆盖广度		使用深度		数字化程度	
	第一阶段	第二阶段	第一阶段	第二阶段	第一阶段	第二阶段
	DIF1	RID	DIF2	RID	DIF3	RID
iv_pp	1.513 *** (10.53)		1.317 *** (7.99)		0.815 *** (3.14)	
DIF1		0.028 *** (5.94)				
DIF2				0.032 *** (5.52)		
DIF3						0.052 *** (3.51)
CZN	0.228 *** (6.95)	0.009 *** (3.98)	0.268 *** (7.15)	0.007 ** (2.44)	0.415 *** (7.02)	-0.006 (-0.81)
LJTZ	0.605 *** (13.98)	0.012 *** (2.90)	0.530 *** (10.68)	0.012 *** (2.66)	0.926 *** (11.84)	-0.019 (-1.28)
LRL	5.467 *** (4.35)	0.079 (1.05)	5.083 *** (3.53)	0.068 (0.83)	8.445 *** (3.72)	-0.206 (-1.09)
		0.757		0.718		0.302

注：[ ] 内的数值为 t 统计量值，**、*** 分别表示在 5% 和 1% 水平下的显著性。

在覆盖广度回归模型中，工具变量不可识别检验（LM 统计量的 p 值为 0）与弱工具变量检验（Wald F 统计量值为 300.786）均通过了检验，表明工具变量是有效的；在使用深度、数字化程度回归模型中，工具变量不可识别检验（LM 统计量的 p 值均为 0）与弱工具变量检验（Wald F 统计量值分别为 237.898 和 113.096）也均通过了检验。这表明模型的估计是有效的。

覆盖广度的系数为正，且在 1% 的水平下显著，说明覆盖广度可以有效推动乡村产业融合发展。覆盖广度主要指的是账户的覆盖率，刻画数字金融的普惠性，覆盖的人群越广泛，就越能能更好地发挥普惠性，体现了数字普惠金融服务的触达能力。指标数据包含每万人拥有支付宝账号的数量、用户支付宝绑定银行卡的比例和平均每个支付宝账号所绑定银行卡的数量。数字普惠金融的可获得性在较大程度上缓解了金融排斥。这种影响表现在随着覆盖面的扩大，农村居民可以触及或得到较多的金融支持，因此发展数字普惠金融覆盖广度有利于促进农村产业融合发展。

使用深度主要衡量实际使用时互联网金融服务力度，包括支付、信贷、投资、保险与征信等。正如前面理论分析所述，数字普惠金融给农村带来的最大红利在于缓解农业经营主体的资金约束，这种缓解作用主要通过数字普惠金融的小微信贷实现。通过向农业经营主体提供更便利、低门槛的信贷服务，满足这些群体采纳先进技术、延长产业链条等方面的资金需求，为农村产业融合提供充足的资金支持。伴随着网络零售的发展，通过搭建农产品电商平台、丰富农产品销售渠道，进而促进农村产业融合已经成为众多学者的共识（万宝瑞，2019；肖卫东等，2019）。数字普惠金融的支付业务改变了传统的交易方式，有力地推动了电子商务的发展，随着电商平台与传统农业的融合进程加快，互联网技术也在加速向农业生产、销售等环节渗透，“互联网+农业”的产业融合模式逐渐成形，也成为现代技术赋能农村产业融合的典型示范。因此数字普惠金使用深度可以有效促进农村产业融合发展。

数字化程度的系数为正，且在1%的水平下显著，说明数字化程度可以有效地推动乡村产业融合发展。数字化程度主要表现在互联网金融服务的便利性和低成本，分别通过移动支付笔数所占比例、贷款利率进行衡量。数字普惠金融在农村的发展，使扫码支付也成为农村居民的生活常态，数字化程度发展为农村居民带来了许多生活便利，从而促进了产业的融合发展。

五、结论与建议

通过实证分析发现：数字普惠金融的发展确实可以促进农村产业融合，并且这种推动作用具有数字普惠金融门槛特征，即数字普惠金融发展水平较高的地区，其对产业融合发展的边际作用也较大。另外，数字普惠金融的不同维度对产业融合发展影响的大小也有差异，数字化程度对产业融合发展的影响最大、使用深度次之、覆盖广度最小。

为了提高数字普惠金融发展水平，发挥其在农村产业融合发展中的推动作用可以从以下几个方面着手：

（一）加大数字普惠金融宣传教育力度

加强数字普惠金融宣传教育，提升农村居民的数字普惠金融素养。普惠金融发展到如今，大众对它的认知度和接受度还比较低，尤其是偏远农村地区群众仍然还不能理解普惠金融的重大意义，使其普及速度有所放缓。要想大力提高农村产业融合发展中数字金融的贡献水平，首先要对农村居民的数字普惠金融素养进行提升，让农民可以熟练掌握使用数字金融工具并且愿意主动去寻求数字普惠金融帮助。政府和媒体应该在社交平台上以简洁易懂的方式发布普惠金融政策和新闻，并通过电视、广播等农户普遍认同的渠道来宣传，确保信息可接触性。加大对数字普惠金融和预防网络金融诈骗等各种金融知识的宣传力度，提高农村居民对支付宝、微信支付等金融服务平台的认识与了解，要规范网络金融业务操作程序，增强信息安全与财产安全意识，降低金融诈骗和信息盗窃案件的发生频率。把金融安全教育作为培训的重点，提高群众的金融安全意识和风险防范能力。需要组织专业人员给农民贫困户、返乡农民工等特殊群体开展专项培训，进行针对性教育以及现场实操指导。开始可以给予参与培训金融业务知识的农户一些的物质奖励，来提高其参与积极性。让农村居民能有效接受数字普惠金融相关知识，提升农村人口对普惠金融的了解与使用水平。另外，还要真正了解农户需求，为满足农户的特殊需求对产品与服务形式进行创新，在合法合规的前提下，通过产品与服务创新提高自身竞争力。

（二）优化数字普惠金融的监管体系与发展环境

加强数字普惠金融监管，保障农村居民的合法权益。在数字普惠金融发展过程中暴露不少问题，一些不法分子以会员收费、惠农信贷等为借口进行金融诈骗、非法集资等，扰乱了正常的金融秩序，并且严重侵害了受害者的合法权益。现在部分地区和行业存在“数字鸿沟”，这对“普惠”的性质造成了负面影响。在其发展过程中要加对强弱势群体的金融与互联网知识的教育普及，缓解金融排斥问题。另外，不健全的监管制度使一些数字普惠金融业务蕴藏着巨大的金融风险，时不时发生的 P2P 风险更是体现出互联网金融的脆弱性，削弱了金融知识匮乏的农村居民对数字金融的信心。要对数字普惠金融监管机制进行完善，健全征信数据标准和信息共享标准推动数字普惠金融的规范化发展。加强金融资金动向的预警监测力度，过滤和识别异常资金流向，设立专门的投申诉平台，充分保障农民的合法权益。此外，发展农村征信行业协会，制订产品管理机制、征信数据和采集流程标准、信用评级办法和服务规范等来规范征信行业，完善该行业的准入和退出机制，让农村征信行业服务于数字普惠金融，推动该行业健康发展。总之，加快建设农村征信系统来消除金融排斥、降低金融门槛，改善因信息不对称等原因导致农民和企业融资难的问题。制度、监管和创新必须协同发展，才能促进数字普惠金融蓬勃发展，用数字普惠金融助力乡村振兴。

| 第七章 |

数字普惠金融影响农村产业融合发展路径研究

第一节　研究基础

一、文献综述

（一）数字普惠金融的发展

数字普惠金融与互联网金融、金融科技是一系列数字技术与金融服务创新结合的谱系概念，其中互联网金融主要被认为是传统互联网企业从事金融相关业务或传统金融企业利用互联网提供服务，侧重场景维度，金融科技则倾向于描述产业界运用数字技术为金融服务赋能，侧重技术维度，相对而言，数字金融更加中性，数字普惠金融则强调了其普惠的核心价值（黄益平、黄卓，2018）。

在互联网金融和金融科技不断发展的基础上，中国在 2016 年杭州峰会上首次提出了数字普惠金融的概念。李牧辰等（2020）指出数字技术的使用为普惠金融带来了新的发展空间，其不仅在很大程度上降低了普惠金融的成本，更易于金融服务的获取，并且对商业银行的发展作出了积极的影响，拓宽了业务的开展渠道，在提高经营效率的同时降低了需要承担的风险。

中国数字金融在较短时间内经历的从蓬勃发展到频频爆雷再到回归普惠的发展过程，客观上也促使中国数字普惠金融后发先至。黄益平（2020）认为，中国数字金融能够后发先至，一是传统金融普惠服务远远不能满足中小微企业和弱势群体的金融需求；二是智能手机等智能终端设备和技术发展迅速；三是监管环境相对友好。许多奇（2018）将金融科技看作数字金融对金融服务的“破坏性创新”，这要求监管当局必须及早识别这种创新产品或价值的“突变”，预见替代性变化带来的“结构性冲击”，这样才能实现创新与金融稳定的结合。北京大学数字金融研究中心课题组（2016）系统地总结了数字普惠金融在中国的总体发展格局，分析了互联网支付、网络借贷、互联网保险和财富管理等领域的商业实践和潜在风险，并分别于2016年和2019年发布了北京大学数字普惠金融指数，成为观测我国数字普惠金融发展水平的一面镜子。

（二）数字普惠金融的作用

国内学者对数字普惠金融的研究主要集中于缩小城乡收入差距、城乡居民消费和减缓贫困、促进科技创新和产业融合等方面。

在缩小城乡收入差距方面。李牧辰等（2020）从金融排斥和金融功能观角度分析，从覆盖广度、使用深度和数字化程度等方面考察数字普惠金融对城乡收入差距带来的影响。杨明伟等（2020）研究发现，数字普惠金融对城镇居民收入的提升显著高于农村居民，数字普惠金融通过经济增长与创业行为提高居民收入水平。

在城乡居民消费方面。唐世辉（2020）对数字普惠金融影响居民消费进行测度后发现，数字普惠金融对居民消费有显著积极影响，且对农村居民消费的作用比城镇居民更为显著。消费水平低的居民受到数字普惠金融的积极影响更为显著。王明洋（2021）从收入分层视角研究后发现，数字普惠金融对中高收入群体消费有显著促进作用，并且对中等收入群体的影响更大。

在减缓贫困方面。黄倩等（2019）根据2011~2015年我国省级面板数据，从收入增长和分配视角研究数字普惠金融对减缓贫困的效应，发现数字普惠金融的发展改善了收入不均等的现象、缓解了贫困，实现了包容性增长。龚沁宜和成学真（2018）根据我国2011~2014年西部12个省区市的数据研究发现，数字普惠金融对农村贫困发生率有显著非线性影响，存在单一门槛值。当经济发展水平低于门槛值时数字普惠金融显著减缓贫困，当超过门槛值时对贫困抑制作用降低。

在科技创新方面。地区金融发展水平是影响企业科技创新的关键（冯根福等，2021），良好的金融环境有助于推动企业创新能力的提高。对于中小企业来说，“融资难”问题一直存在，结合了数字技术和金融服务的数字普惠金融不仅可以丰富融资渠道（万佳彧等，2020），还可以通过帮助中小金融机构发展成长降低融资成本、扩大金融覆盖面和深化渗透率，拓宽中小企业的融资渠道。它还可以借助大数据、云计算等技术的发展，缓解信息不对称问题，以此弱化企业所面临的融资约束问题（周振江等，2021），为企业创新提供资金支持。因此，数字普惠金融的发展有助于缓解企业融资约束（喻平等，2020；廖婧琳等，2020；黄锐等，2020），降低非效率投资，缓解金融错配（赵晓鸽等，2021）、提高企业的创新投入和产出（吴庆田等，2021；贾俊生等，2021；梁榜等，2019；李春涛等，2020；唐松等，2020）。

在产业融合方面。何宏庆（2020）认为数字金融发展提高了金融可得性、扩展了融资范围、增加了金融供给，从而促进了农村产业融合；张岳等（2021）从传统金融竞争的视角研究了数字普惠金融对产业融合发展的影响，发现数字普惠金融对产业融合发展具有推动作用，不同业务之间具有异质性，传统金融竞争在数字普惠金融促进产业融合发展中起着调节作用。

（三）文献评述

通过梳理已有文献不难发现，学术界在研究数字普惠金融的作用时主要集中在其对农民收入、消费和企业创新的影响，对数字普惠金融在农村产业融合发展中的贡献研究较少，从数字普惠金融发展可以促进产业创新视角研究其对产业融合发展影响的更少。

科技是实现农村产业融合的重要驱动力，它通过打破三大产业之间的壁垒、消除产业边界进而实现农村三次产业融合（冯贺霞等，2020），而充足的资金保障是实现产业链条延伸的重要基础。因此，本章打算将数字普惠金融、农业科技创新与农村产业融合发展纳入同一框架，对三者之间的关系进行研究。与以往文献相比，本章的边际贡献主要体现在：第一，对数字普惠金融通过农业科技创新推动农村产业融合的机理进行了梳理，并利用中介效应模型进行检验；第二，考虑到数字普惠金融的本质，以数字普惠金融为门槛变量，运用面板门槛模型分析科技创新促进产业融合发展的门槛效应。

二、研究理论基础

（一）数字惠普金融促进农村产业融合发展路径理论分析

金融是支持农业科技创新的重要工具。农业科技创新的公益性、高风险性、长周期性、资金需求特性与金融支持要求的盈利性、安全性、短周期性、资金供给性间的矛盾，导致原始创新和农业现代化发展陷入金融困境（唐江云等，2021）而数字普惠金融借助创新的力量，通过降低服务成本、扩大服务范围，大大提高农村金融服务水平，成为支持农业科技创新实施的重要推手。其主要表现以下几个方面：第一，通过优化资源配置为创新主体提供创新所需资金。数字普惠金融能够利用所获得信息降低交易成本和信息成本，将资金从分散的盈余者手中汇聚并投资到农业技术创新部门，为农业技术进步提供充足的物质保障，通过缓解企业融资约束进而提升企业创新水平（唐松等，2020；万佳彧等，2020）。第二，通过创新服务为科技应用主体提供资金支持。数字普惠金融通过开发“闪贷”“e 贷”“随心贷”产品，灵活开展“应需增信”工作，推广“金融 + 龙头企业 + 农民专业合作社”“金融 + 交易市场 + 家庭农场”等服务以及“N 村 + 银行”“村 + 公司 + 银行”等融资模式真正地解决了农民融资难、融资贵的问题，满足了农户金融的需求，农户资金丰富在一定程度上提高了其采用新技术的愿望，使科技成果得以应用和推广。第三，通过扮演战略投资者和风险投资者的角色，有效分散技术创新风险（李晓龙，2019）。与其他行业相比，农业受季节和其他因素的影响较大，存在更多的不稳定性和不确定性，致使农业经营和创新企业面临很大的风险，从而影响农业科技创新。而数字普惠金融通过提供多样的投资组合和风险管理工具满足了农业企业和农民各层次的需求，帮助他们管理投资和生产中的风险，从而有利于农业科技的创新。

而科技创新是农村产业融合发展的核心驱动力。通过技术创新可以有效打破三次产业之间的壁垒，消弥产业边界实现产业融合发展。农业科技创新对乡村产业融合的影响主要体现在以下几个方面：第一，农业科技可以提高农业劳动生产率、提高农产品质量、提升农产品的加工转化能力、强化农业产业链的关联性从而使农业产业链得以延伸；第二，农业科技创新可以促进休闲农业的发展，拓宽农业功能；第三，农业科技创新可以推动设施农业的发展，设施农业是对传统种植业的一种变革，农业设施技术的应用与推广有利于农业和工业的融合发展，形成新业态；第四，农业科技创新可以促进农业服务业的发展，例如，农业检测技术进步可以提高产品质量认证服务水平，推动农产品检测认证服务的发展等。

综上所述，数字普惠金融可以通过为科技创新主体和应用主体提供资金支持以及分散创新风险来促进农业科技创新，从而促进农村产业融合发展。基于此，提出假设 H7 - 1：

数字普惠金融可以通过促进农业科技创新来促进产业融合。

（二）不同数字惠普金融水平下科技创新促进产业融合发展具有异质性

由于金融信用环境、人力资本、政府干预、基础设施建设等差异致使各地数字普惠金融发展水平存在显著差异。数字普惠金融是依托传统金融发展起来一种创新金融，虽与传统金融在外在形式上存在区别，但仍然无法脱离金融的本质，仍然无法回避金融“嫌贫爱富”的特征。金融机构为了自身的利益往往更倾向于将存款和资金转移到数字普惠金融发展水平较高的地区，导致数字普惠金融发展水平较低的地区金融流失严重，出现金融排斥现象，造成该地区农业生产领域资金匮乏，进而提高了农民和农业企业获得信贷的门槛，导致农业新技术、新方法的研发得不到相应的资金支持，进而限制农业科技创新能力的提升。同时，受农业贷款门槛高等一系列金融排斥因素的影响，农业科技新方法、新技术的推广和使用也会收到阻碍，不能适时应用到农业生产经营中，从而不利于农村产业的融合发展。

而在数字普惠水平比较高的地区，金融发展相对健全，再加上人力资本、政府政策等原因吸引了大量的信贷资源，金融与经济的良性互动致使数字普惠金融发展达到新的高度。丰富的金融资源间接带来技术、人才的聚集，为农业科技创新提供了便利的条件，进而给农村产业融合发展注入了新动力。

由此可见，由于地区数字普惠金融发展水平的不同，农业科技创新资金的配置也会不同，进而对农村产业融合发展产生不同影响。因此，进一步提出假设 H7 -2：

数字普惠金融在农业科技创新促进产业融合发展中起着调节作用，与数字普惠金融发展水平较高地区相比，数字普惠金融发展水平较低的地区农业科技创新对产业融合发展的影响较小。

第二节　中介效应模型介绍

一、模型构建

中介变量是指在研究变量 X 对 Y 的影响时，如果 X 通过影响变量 M 进而影响 Y，那么变量 M 就被称为中介变量。它是自变量 X 对因变量 Y 产生影响的中介，是一种内在机制，自变量 X 就是通过这种内在机制对因变量 Y 起作用的。当中介变量不止一个时，相应的模型称为多重中介效应模型。多重中介效应模型根据中介变量间关系形式的不同又分为并行多重中介效应模型、链式多重中介效应模型和复合式多重中介效应模型。这里研究的目的是检验数字普惠金融影响乡村产业融合的传导机制，所以借鉴温忠麟（2014）的研究构建中介效应模型如下：

$$RID_{it} = \alpha_0 + \alpha_1 DIF_{it} + \alpha_3 X_{it} + \sigma_{it} \tag{7.1}$$

$$TEC_{it} = \beta_0 + \beta_1 DIF_{it} + \beta_2 X_{it} + \varsigma_{it} \tag{7.2}$$

$$RID_{it} = \gamma_0 + \gamma_1 DIF_{it} + \gamma_2 TEC_{it} + \gamma_3 X_{it} + \psi_{it} \tag{7.3}$$

其中，RID_{it}表示第 i 个地区 t 时间的农村产业融合水平，DIF_{it}为第 i 个地区 t 时间数字普惠金融发展水平，X_{it}为一系列控制变量，TEC_{it}为农业科技创新。α_1、γ_1 分别表示数字普惠金融对农村产业融合发展影响的总效应和直接效应，$\beta_1\gamma_2$ 表示数字普惠金融通过农业科技创新影响农村产业融合发展的中介效应，$\beta_1\gamma_2/\alpha_1$ 为中介效应占总效应的比重，用来反映中介变量在数字惠普金融促进产业融合发展中的重要性。

在这里农村产业融合发展水平（RID）用第五章测算的农村产业融合指数来测度；数字普惠金融（DIF）选取北大数字金融研究中心 2021 年 4 月发

布的数字普惠金融指数来测度；控制变量包括农村人力资本、农村固定资产投资和财政支农，测算方法与第六章相同，这里不再累述。

中介变量农业科技创新（TEC）。科技创新是一个系统过程，包括创新投入和产出两个阶段。这里从投入和产出两个方面构建指标体系，然后利用熵值法对各地农业科技创新水平进行综合评价。科技活动经费和人员投入是科技投入的重要指标之一，由于在相关统计资料中缺乏农业领域科技经费和科技活动人员的详细统计数据，在参考相关研究的基础上（陈洋等，2018），本章采用项目合计占比的方法来估算该指标，农业科技活动经费用 R&D 经费内部支出×（农林牧渔业总产值/地区生产总值）来估算。农业科技活动人员用 R&D 研究人员×（农林牧渔业总产值/地区生产总值）来估算。产出用农业有效专利数和农业机械总动力来测度，农业专利数用国内有效专利数来替代（庞金波等，2021）。

二、模型检验

在中介效应模型中，中介变量是否起到真正的中介作用还需要进行一系列的检验，常用的检验程序如下：

第一步，检验回归系数 α_1，如果显著，继续下面的第二步。否则停止分析。

第二步，做 Baron 和 Kenny 部分中介检验，即依次检验系数 β_1、γ_2，如果都显著，意味着数字普惠金融对农村产业融合发展的影响至少有一部分是通过了中介变量农业科技创新实现的，第一类错误率小于或等于 0.05，继续下面第三步。如果至少有一个不显著，由于该检验的功效较低（即第二类错误率较大），因而还不能下结论，转到第四步。

第三步，做 Judd 和 Kenny 完全中介检验中的第三个检验（因为前两个在上一步已经完成），即检验系数 γ_1，如果不显著，说明是完全中介过程，即数字普惠金融对农村产业融合的影响都是通过中介变量农业科技创新实现的；如果显著，说明只是部分中介过程，即数字普惠金融对农村产业融合的影响只有一部分是通过中介变量农业科技创新实现的。检验结束。

第四步，做 Sobel 检验，如果显著，意味着农业科技创新的中介效应显著，否则中介效应不显著。检验结束。

整个检验程序见图 7.1。这个程序有可能只需要依次检验，也有可能需要做 Sobel 检验。如果使用 Stata 进行分析，输出结果中可以找到本检验程序所需的全部检验统计量的值和检验结果。

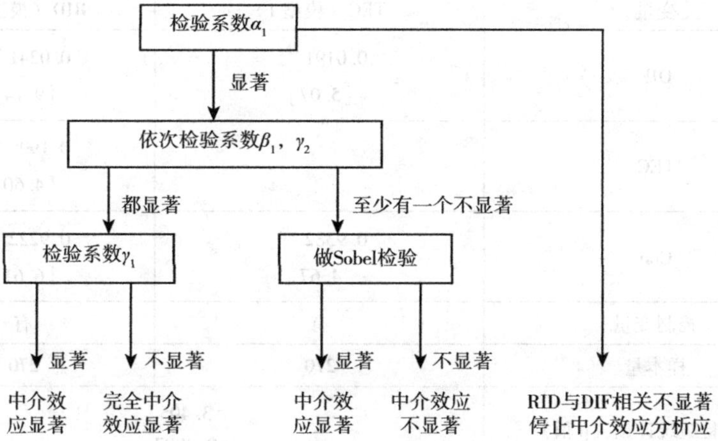

图 7.1　中介效应检验程序

第三节　数字普惠金融促进农村产业融合路径检验

一、路径回归结果分析

第六章回归和稳健性检验的结果表明，数字普惠金融对农村产业融合发展具有显著的促进作用，满足路径机制检验的前提。下面进一步利用中介效应模型检验数字普惠金融通过农村科技创新推动农村产业融合发展这一机制是否成立，具体估计结果见表 7.1。表 7.1 模型 1 中数字普惠金融的系数为正且显著，说明普惠金融对农业科技创新具有显著的推动作用；模型 2 中农业科技创新的系数显著为正，说明科技创新对农村产业融合发展具有促进作用；模型 1 中数字普惠金融系数与模型 2 中科技创新系数均显著，表明农业科技创新的中介效应是显著的，Sobel 检验的结果也验证了这一点。由于模型 2 中数字普惠金融的系数也显著，说明存在“部分”中介效应。由此可见，数字普惠金融通过农业科技创新来促进农村产业融合发展的机制是成立的，且数字普惠金融促进农村产业融合发展的直接效应为0.0241，占总效应的比例为86.38%，间接效应为0.0038，占总效应的比例为13.62%。

表7.1　　　　机制检验估计结果

变量	TEC（模型1）	RID（模型2）
DIF	0.0191 *** [5.07]	0.0241 *** [9.14]
TEC		0.1990 *** [4.60]
Con	0.9382 *** 4.67	0.9222 *** [6.61]
控制变量	有	有
样本量	270	270
Sobel 检验统计量（p 值）	3.405 (0.0007)	
间接效应	0.0038	
间接效应占比	13.62%	

注：[ ] 内的数值为 t 统计量值，*** 表示在1% 水平下的显著性。

二、稳定性检验

为了验证数字普惠金融通过农业科技创新进而影响农村产业融合发展机制的稳定性，本章借鉴 Rajan & Zingales（1998）、吕朝凤（2015）的研究思路，通过构建传统交互模型来进行检验。具体而言就是在农业科技创新影响产业融合发展的基础上，引入数字普惠金融和农业科技创新的交互项（即乘积项）作为关键解释变量，所以模型进一步设定如下：

$$RID_{it} = \beta_0 + \beta_1 TEC_{it} + \beta_2 TEC_{it} \times DIF + \beta_3 X_{it} + \varepsilon_{it} \tag{7.4}$$

表7.2 报告了交互模型估计的结果。由模型的拟合优度（R^2）的值为0.7829 可知，模型的整体拟合程度比较高，所得估计结果比较可靠。从回归的结果可知，农业科技创新的系数为正且在10%的显著水平下通过检验，说

明农业科技创新确实可以促进农村产业融合发展。农业科技创新和数字普惠金融的交叉项估计系数为正且在 1% 的显著水平下通过检验，说明一个地区数字普惠金融的发展水平越高，越会加剧农业科技创新对农村产业融合发展的正向促进作用。也就是在普惠金融水平高的地区，农业科技创新对产业融合发展的促进作用要大于数字普惠金融水平低的地区，从而也证实了数字普惠金融通过农业科技创新推动农村产业融合发展这一结论。

表 7.2　　　　交互模型回归结果

	系数	标准误	t 值	p 值
TEC	0.106	0.5319	1.99	0.056
TEC × DIF	0.0197	0.0029	6.7	0.0001
CZN	0.00979	0.0023	4.25	0.0001
LJTZ	0.0105	0.051	2.05	0.05
LRL	0.0929	0.0645	1.44	0.161
con	0.931	0.1387	6.71	0.0001
N	270			
R^2	0.7829			

三、进一步讨论：数字普惠金融在农业科技进步促进产业融合发展中的门槛效应

前面利用交互作用模型和中介效应模型检验发现，数字普惠金融通过促进农业科技创新这一途径提升了农村产业融合发展水平，换句话说，在数字普惠金融发展水平越高的地区，农业科技创新对农村产业融合发展水平的提升作用越显著。事实上，这也意味着数字普惠金融的影响可能存在门槛效应，即在数字普惠金融发展程度的不同门槛区间，农业科技创新对农村产业融合发展的影响存在显著差异。因此，本章进一步对交互作用模型和中介效应模型加以改进，通过构建面板门槛模型，尝试讨论数字普惠金融、农业科技创新与农村产业融合发展之间可能存在的非线性门槛关系，即检验农业科技创新对农村产业融合发展的影响是否存在基于数字普惠金融发展程度的门槛效应。

（一）门槛模型设定

为了检验在不同的数字普惠金融水平区间内，农业科技创新对农村产业融合发展影响的差异性。本章借鉴 Hansen（1999）的研究思路，在模型（7.1）的基础上，以数字普惠金融发展水平为门槛变量，农业科技创新为门槛依赖变量来构建面板门槛模型如下：

$$RID_{it} = \beta_0 + \beta_1 TEC_{it} \times I(DIF_{it} < \gamma) + \beta_2 TEC_{it} \times I(DIF_{it} \geqslant \gamma) + \beta_3 X_{it} + \varepsilon_{it} \tag{7.5}$$

其中，i、t 分别表示省份和时间；RID 表示农村产业融合发展；γ 为待估门槛值，I(·) 为示性函数。如果 β_1 与 β_2 之间存在显著差异，说明门槛变量的选取是合理的。

（二）门槛效应的检验与估计结果分析

根据 Hansen（1999）的思路，在对面板门槛模型进行参数估计之前，首先要进行门槛效应检验，这里对单一门槛、双重门槛和三重门槛模型进行估计，并采用 bootstrap 抽样 300 次来模拟检验统计量的分布和临界值，结果见表 7.3。由表 7.3 可以看出，在数字普惠金融发展水平门槛模型中，单一门槛效应模型在 1% 的显著水平下通过了检验，而双重门槛模型和三重门槛模型均未通过检验，所以应建立单一门槛效应模型。接下来对门槛值真实性进行检验，由图 7.2 可以看出，门槛值的 LR 统计量值小于 5% 显著水平下的临界值（7.35），所以接受原假设，即在 5% 的显著水平下门槛值的选取是合适的。综合以上分析可知，在分析数字普惠金融影响科技创新促进产业融合发展时应建立单一门槛模型。

表 7.3　　　　门槛效应检验

门槛类型	F 值	P 值	临界值		
			10%	5%	1%
单一门槛	55.95	0.0000	20.1271	22.7563	32.4391
双重门槛	17.43	0.2167	21.7793	25.3700	36.4593
三重门槛	21.08	0.5333	38.6195	44.3114	57.4210

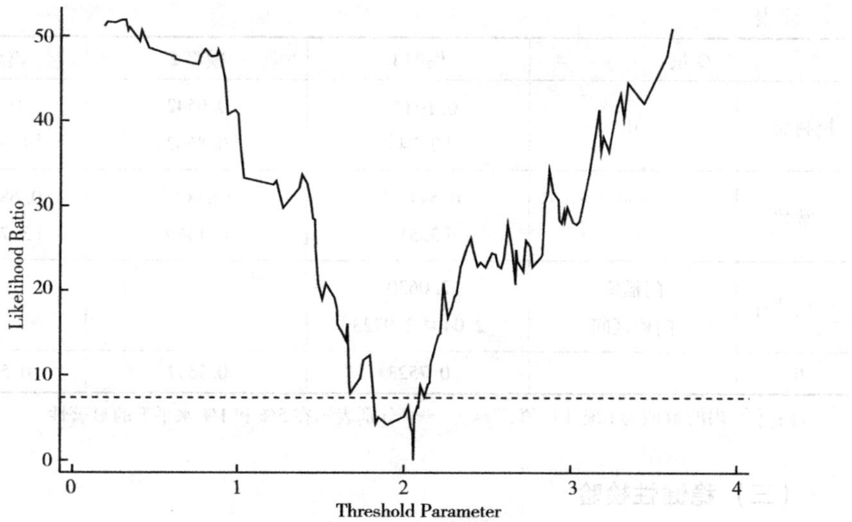

图 7.2　门槛值检验

确定门槛模型的具体形式之后，对其进行估计，结果见表 7.4。由表 7.4 可以看出，数字普惠金融发展水平的门槛值将科技创新对产业融合发展的影响分成两个区间，当数字普惠金融的发展水平低于门槛值 2.063 时，科技创新可以显著促进产业融合发展，且数字普惠金融发展水平每提高 1 个单位，农村产业融合发展水平就会提高 0.275 个单位；当数字普惠金融发展水平高于 2.063 时，科技创新对产业融合发展的影响进一步加强，影响系数由 0.275 提高到 0.296。由此可见，数字普惠金融在农业科技创新促进产业融合发展中存在门槛效应。

表 7.4　门槛模型估计结果

变量		模型 1	模型 2	模型 3
科技	数字普惠金融 < γ	0.275 *** [4.59]	0.266 *** [4.2894]	
	数字普惠金融 ≥ γ	0.296 *** [4.91]		0.307 *** [3.3744]
控制变量	czn	0.0143 *** [5.00]	0.0364 *** [3.8903]	0.0143 *** [14.7682]
	jr	0.0156 *** [3.52]	0.0220 *** [5.2127]	0.00296 [0.5014]

续表

变量		模型 1	模型 2	模型 3
控制变量	rl	0.198 ** [2.74]	0.0542 [0.8607]	0.12 [1.6258]
常数	con	0.544 *** [3.51]	0.838 *** [6.1489]	0.684 *** [3.7608]
门槛估计	门槛值 门槛区间	2.0630 [2.0404 2.0723]		
R^2		0.7523	0.7571	0.5187

注：[ ] 内的数值为 t 统计量值，** 、*** 分别表示在5%和1%水平下的显著性。

（三）稳健性检验

由于门槛存在性检验是基于 bootstrap 300 次抽样来判断的，可能存在偶然性。因此分别选取 500 次、1500 次和 2000 次抽样，对门槛存在性重新进行检验。由表 7.5 可以看出，无论是 500 次抽样，还是 1000 次、2000 次抽样，结果均是在单一门槛，且门槛值都是 2.063，这说明上述门槛模型中的门槛个数和门槛值是稳定的。为进一步考察模型估计结果的稳定性，在门槛区间分别进行个体固定效应稳健性估计，由表中 7.4 中的结果可知，在门槛值两侧农业科技创新系数的显著性、符号与大小关系均与门槛模型结果一致，这说明门槛模型的结果可靠。

表 7.5　　　　门槛存在性检验

自抽样	门槛数	门槛值	F 统计量	P 值
500	单一	2.063	55.95	0
	双重	3.0506	17.43	0.19
	三重	1.2321	21.08	0.59
1500	单一	2.063	55.95	0
	双重	3.0506	17.43	0.2013
	三重	1.2321	21.08	0.574
2000	单一	2.063	55.95	0.0005
	双重	3.0506	17.43	0.193
	三重	1.2321	21.08	0.5695

第四节　结论与建议

本章首先从农业科技创新视角出发，定性分析了数字普惠金融影响农村产业融合发展的传导机制，并提出研究假说。然后利用 2011 ~ 2019 年我国省际面板数据，通过构建交互作用模型和中介效应模型，对上述问题进行了实证检验。

结果发现，数字普惠金融确实可以通过农业科技创新间接影响产业融合，数字普惠金融的发展不仅有利于提升农村产业融合发展水平，同时也显著促进了农业科技创新，农业科技创新是数字普惠金融影响农村产业融合发展的重要作用途径，从而揭示了“数字普惠金融→农业科技创新→农村产业融合发展”的传导机制。且农业科技创新在数字普惠金融促进农村产业融合发展中的中介效应占总效应的比例为 13.62%。交互作用模型估计结果发现，数字普惠金融与农业科技创新的交互项对农村产业融合发展的影响系数在 1% 的水平下显著为正，表明数字普惠金融可以有效提高农业科技创新对农村产业融合发展的正向作用。进一步运用面板门槛模型检验发现，数字普惠金融、农业科技创新与农村产业融合发展之间存在显著的非线性门槛关系，在数字普惠金融水平的不同门槛值区间，农业科技创新对农村产业融合发展的影响存在明显的差异。具体而言，随着数字普惠金融水平的不断提升，农业科技创新对农村产业融合发展的促进效应不断增强，这也在某种程度上再次验证了数字普惠金融通过促进农业科技创新，进而对农村产业融合发展产生了正向作用。

基于上述研究结论，提出以下建议：第一，把握数字经济时代优势，做好数字普惠金融发展的总体规划和设计，在金融科技创新的基础上加速现代技术在金融领域的渗透，不断提高数字普惠金融发展水平，以充分发挥数字普惠金融对农村产业融合发展的推动作用。第二，建立健全农业科技创新发展体系，充分发挥科技创新在数字普惠金融促进产业融合发展中的中介作用。首先，对支持农业创新的金融体系给予税收优惠、补贴等奖励，鼓励金融机构给予农业创新提供必要的服务；其次，从乡村振兴大局出发，创新农村金融服务方式和产品类型，多渠道、多元化为农业创新企业提供金融服务；最后，缓解信息不对称、降低金融机构信息甄别成本，提高农民信贷可得性，进而缓解农村使用新技术的资金约束。第三，政府部门牵头成立农村产业融合发展基金，建立财政支农担保体系，引导担保机构为产业融合发展主体提供担保服务，不断提高财政支力度；同时，利用网络技术建立财政支农资金监管平台，检测财政支农资金的去向和使用，提高财政支农资金的使用效率。第四，加强数字普惠金融发展水平较低地区的基础建设，加大这些地区的财政支持力度，以提高他们的金融水平，缓解数字普惠金融在科技创新促进产业融合发展中的门槛约束，使其更好地服务农村产业融合发展。

参考文献

[1] Allen l. white Linda – Feng. Servicizing: The Quiet Transition to Extended Product Responsibility [M]. Boston: Tellus Institute, 1999.

[2] A. Davies. Moving base into highwalue integrated solutions: a value stream approach [J]. Industrial and Corporate Change, 2004, 13 (5): 727 –756.

[3] Becker, G. S., Murphy, K. M. The Division of Labor, Coordination Costs and Knowledge [J]. Quarterly Journal of Economics, 1992 (CVII).

[4] Browm, S. W. The Move to solutions provieders [J]. Marketing Mangement, 2000, 9 (1): 10–11.

[5] Browning HL, Singelmann J. The Emergence of a Service Society; Demographic and Sociological Aspects of the Sectoral Transformation of the Labor Force in the USA. Springfield, Va.: National Technical Information Service. 1975: 15 –32.

[6] Coase RH. The problem of social cost [J]. Journal of Law and Economics, 1960 (3): 1 –44.

[7] Daniel, B. The Coming of Post – Industrial Society: A Venture in Social Forecasting [M]. New York: Books, 1973: 1 –35.

[8] Daniel Trefler. The Case of the missing trade and other mysteries [J]. The American Economic Review, 1995, 85 (5): 1029 –1046.

[9] Edward D. Reiskin, Allen L. White, Jill Kauffman Johnson, Thomas J. Votta. Servicizing the Chemical Supply Chain [J]. Journal of Industrial Ecology, 1999, 3 (2 –3): 19 –31.

[10] Erik Van Der Marel. Positioning on the Global Value Chain Map: Where Do You Want To Be [J]. Journal of World Trade, 2015, 49 (6): 915 –949.

[11] Fishbein, B., McGarry L. S. and Dillon, P. S. Leasing: A Step To-

ward Producer Responsibility [M]. NY: INFORM, 2000.

[12] Fucks, V. R. The Service Economy [M]. New York: National bureau of Economic Research, 1968: 1 -13.

[13] Greenfield, H. C. Manpower and the Growth of Producer Services [M]. New York: Columbia University Press, 1966.

[14] Greenstein, S. , and Khanna, T. What does Industry Mean? Competing in the Age of Digital Convergence [M]. Boston: Harvard Business School Press, 1997.

[15] Grubel H G, Walker M. Service Industry Growth: Causes and Effects. Fraser Institute, 1989: 168 -222.

[16] Gunter. The relevance of service in European manufacturing [J]. Industries Journal of Service Management, 2010, 21 (5): 715 -726.

[17] Granovetter Mark. Economic Action and Social Structure: The Problem of Embeddedness [J]. University of Chicago Press, 1985, 91 (3): 481 -510.

[18] Grossman Gene - M, Rossi - hansberg Esteban. Trading Tasks: A Simple Theory of Offshoring [J]. American Economic Association, 2008, 98 (5): 1978 -1997.

[19] Gary Gereffi. International trade and industrial upgrading in the apparel commodity chain [J]. Journal of International Economics, 1999, 48 (1): 37 - 70.

[20] Heuser, Cecilia, Mattoo, et al. Services trade and global value chains [J]. Social Science Electronic Publishing, 2017.

[21] Heiko Gebauer, Thomas Friedli. Behavioral implications of the transition process from products to services [J]. Journal of Business & Industrial Marketing, 2005, 20 (2): 70 -78.

[22] Humphrey John, Schmitz Hubert. How does insertion in global value chains affect upgrading in industrial clusters [J]. Routledge, 2002, 36 (9): 1017 -1027.

[23] Kozo Kiyota, Keita Oikawa, Katsuhiro Yoshioka. The Global Value Chain and the Competitiveness of Asian Countries [J]. Asian Economic Papers,

2017, 16 (3): 257-281.

[24] Kastalli I V, Van Looy B. Servitization: Disentangling the impact of service business model innovation on manufacturing firm performance [J]. Journal of Operations Management, 2013, 31 (4): 169-180.

[25] Lanz R, Maurer A. Services and Global Value Chains: Servicification of Manufacturing and Services Networks [J]. Journal of International CommerceEconomics & Policy, 2015, 6 (3): 1550014.

[26] Leontief W. W.. Input - Output Economics [M]. 2nd Edition. New York: Oxford University Press, 1986.

[27] Makower, J. The clean revolution: technologies from the leading edge [Z]. Presented at the Global Business Network Worldview Meeting, 2001.

[28] Martin F., Fei P. The increasing service intensity of European manufacturing [J]. MPRA Paper, 2011, 33 (15-16): 1686-1706.

[29] Mathieu V. Service strategies within the manufacturing sector: benefits, costs and partnership [J]. International Journal of Service Industry Management, 2001, 12 (5): 451-475.

[30] Mukesh Eswaran, Ashok Kotwal. The role of the service sector in the process of industrialization [J]. Journal of Development Economics, 2002, 68 (2): 401-420.

[31] Marko Bastl, Mark Johnson, Howard Lightfoot, Steve Evans. Buyer-supplier relationships in a servitized environment [J]. International Journal of Operations & Production Management, 2012, 32 (6): 650-675.

[32] Magnus Lodefalk. Servicification of Firms and Trade Policy Implications [J]. World Trade Review, 2016, 16 (1): 59-83.

[33] Neely A. Exploring the financial consequences of the servitization of manufacturing [J]. Operations Management Research, 2008, 1 (2): 103-118.

[34] Ng I, Parry G, Smith L, Maull R, et al. Transitioning from a goods-dominant to a service-dominant logic: Visualising the value proposition of Rolls-Royce [J]. Journal of Service Management, 2012, 23 (3): 416-439.

[35] Oliva, R. and Kallenberg, R. Managing the Transition from Products to

Services [J]. International Journal Service Industry Management, 2003, 14 (2): 160 - 172.

[36] Porter, M. Competitive Advantage: Creating and Sustaining Superior Performance [M]. New York: The Free Press, 1985.

[37] Qian Cheng & Zhang, Yingfeng & Sun, Wen & Rong, Yiming & Zhang, Tongda. (2020). Exploring the socialized operations of manufacturing resources for service flexibility andautonomy. Robotics and Computer - Integrated Manufacturing. 63. 10. 1016/j. rcim. 2019. 101912.

[38] Reiskin E D, White A L, Johnson J K, et al. Servicizing the chemical supply chain [J]. Journal of Industrial Ecology, 1999, 3 (2 - 3): 19 - 31.

[39] Ren, G. and Gregory, M., Servitization in manufacturing companies [C]. paper presented at 16th Frontiers in Service Conference, San Francisco, CA. 2007.

[40] Park s. h Chan - K. S. A Cross - country input - out - put Analysis of Intersectoral Relationships between Manufacturingand Services and Their Employment Implications [J]. World Development, 1989.

[41] Pol Antràs, Davin Chor, Thibault Fally, Russell Hillberry. Measuring the Upstreamness of Production and Trade Flows [J]. American Economic Review, 2012, 102 (3): 5 - 8.

[42] Poter, M. E., The Competitive Advantage of Nations [M]. London: Macmillan, 1990.

[43] Poon. Beyond the global production networks: a case of further upgrading of Taiwan's information technology industry [J]. International Journal of Technology and Globalisation, 2004, 1 (1): 130 - 144.

[44] Richard Wise, Peter Baumgartner. Go Downstream: The New Profit Imperative in Manufacturing [J]. Harvard Business Review, 2000, 28 (1): 89 - 96.

[45] Raphael Kaplinsky. The Globalization of Product Markets and Immiserizing Growth: Lessons From the South African Furniture Industry [J]. World Development, 2002, 30 (7): 1159 - 1177.

[46] Robert M., Ph. D. Adams, Paul W. Bauer, Robin Sickles. Scale Economies, Scope Economies, and Technical Change in Federal Reserve Payment Pro-

cessing [J]. Journal of Money, Credit, and Banking, 2004, 36 (5): 943-958.

[47] Roderick j. a. little Rubin - Donald - B. Analysis with Missing Data [M]. New York: John Wiley & Sons, Inc., 1987.

[48] Reiskin, White et al. Servicizing the Chemical Supply Chain [J]. Journal of Industrial Ecology, 2010, 3 (2): 19-31.

[49] Stewart Johnstone, Andrew Dainty, Adrian Wilkinson. Integrating products and services through life: an aerospace experience [J]. International Journal of Operations & Production Management, 2009, 29 (5): 520-538.

[50] Szalavetz. Tertiarization of manufacturing industry in the new economy: experiences in hungarian companies [J]. Hungarian Academy of Sciences Working Paper, 2003, (5).

[51] T. S. Baines, H. W. Lightfoot, O. Benedettini, J. M. Kay. The servitization of manufacturing [J]. Journal of Manufacturing Technology Management, 2009, 20 (5): 547-567.

[52] Vandermerwe S, Rada J. Servitization of business: Adding value by adding services [J]. European Management Journal, 1988, 6 (4): 314-324.

[53] V. Mathieu. Product services: From a Service Supporting the Product to a Service Supporting the Client [J]. Journal of Business and Industrial Marketing, 2001, 16 (1): 39-61.

[54] Van Looy, B., Gemmel, P. and Van Dierdonck, R. Seevices Mangement: An Integrated Approach [M]. Harlow: Pearson Educatuon Limited, 2003: 40-51.

[55] Vandermerwe, S. and Rada, J. Servitization of Business: Adding Value by Adding Services [J]. European Management Journal, 1988, 6 (4): 314-324.

[56] White A L, Stoughton M, Feng L. Servicizing: the quiet transition to extended product responsibility [J]. Tellus Institute, Boston, 1999: 97.

[57] Williamson OE. The economic institutions of capitalism [M]. Simon and Schuster, 1985.

[58] Yang Ling, Hou J. W.. Has Imported Producer Services Improved Manufacturing in Shanghai [J]. Proceedings of the Faculty of Economics in East

Sarajevo, 2015 (11): 11 -26.

[59] Ali I, Zhang J. Inclusive Growth toward a Prosperous Asia: Policy Implications [R]. ERD Working Paper, 2007 (97).

[60] Baron M, Kenny A. The Moderator and Mediator Variable Distinction in Social Psychological Research: Conceptual, Strategic, and Statistical Considerations [J]. Journal of Personality & Social Psychology, 1986, 51 (6): 1173.

[61] Dupas P, Robinson J. Savings Constraints and Microenterprise Development: Evidence from a Field Experiment in Kenya [J]. Applied Economics, 2013, 45 (1): 163 -192.

[62] Habito F. Patterns of Inclusive Growth in Developing Asia: Insights from an Enhanced Growth Poverty Elasticity Analysis [R]. ADBI Working Paper Series, 2009, 8 (145): 1 -55.

[63] Jayati G. Microfinance and the Challenge of Financial Inclusion for Development [J]. Cambridge Journal of Economics, 2013, 37 (6): 1203 -1219.

[64] Sen A. Informational Bases of Alternative Welfare Approaches: Aggregation and Income Distribution [J]. Journal of Public Economics, 1974, 3 (4): 387 -403.

[65] Sen K. Inclusive Growth: When May We Expect it? When May We Not? [J]. Asian Development Review, 2014, 31 (1): 136 -162.

[66] Silber J, Son H. On the Link between the Bonferroni Index and the Measurement of Inclusive Growth [J]. Economics Bulletin, 2010, 30 (1): 421 -428.

[67] Tang M. Inclusive Growth and Poverty Reduction in the People's Republic of China [J]. Asian Development Review, 2008, 25 (1): 81 -99.

[68] Viswanathan M, Purushothaman K, Navaneethakumar V. A Strategy to Exploit Marketing and Human Resources Potential through Inclusive Growth in Rural India [J]. European Journal of Social Sciences, 2012, 29 (4): 512 -520.

[69] Zhuang J. Inclusive Growth toward a Harmonious Society in the People's Republic of China: Policy Implications [J]. Asian Development Review, 2008, 25 (1): 22 -33.

[70] Pan Y, Yang M, Li S, Chen X, Yu S, Yu L. The Impact of Mobile Payments on the Internet Inclusive Finance [J]. Journal of Management and Sustainability, 2016, 6 (4): 97.

[71] Pham N. Does bank competition promote financial inclusion? A cross - country evidence [J]. Applied Economics Letters, 2019, 26 (13): 1133 - 1137.

[72] Allen F, Demirguc - Kunt A, Klapper L, Soledad M, Peria M. The foundations offinancial inclusion: Understanding ownership and use of formal accounts [J]. Journal of Financial Intermediation, 2016 (27): 1 - 30.

[73] Diniz E, Birochi R, Pozzebon M. Triggers and barriers to financial inclusion: The use of ICT - based branchless banking in an Amazon county [J]. Electronic Commerce Research and Applications, 2012, 11 (5): 484 - 494.

[74] Gimet C, Lagoarde - Segot T. Financial sector development and access to finance. Does size say it all [J]. Emerging Markets Review, 2012, 13 (3): 316 - 337.

[75] Hellman T, Murdock K, Stiglitz J. Financial restraint: Towards a new paradigm, The Role of Government in East Asian Economic Development: Comparative Institutional Analysis [J]. 1997: 163 - 207.

[76] Chava, S., Oettl, A., Subramanian, A., et al. Banking Deregulation and Innovatio. Journal of Financial Economics, 2013, 109 (3): 759 - 774.

[77] Guo, F., Kong, S., T., Wang, J., Y. General Patterns and Regional Disparity of Internet Finance Development in China: Evidence from the Peking University Internet Finance Development Index. China Economic Journal, 2016, 9 (3): 253 - 271.

[78] Laeven, L., Levine, R., Michalopoulos, S. Financial Innovation and Endogenous Growth. Economics Working Papers, 2015, 24 (1): 1 - 24.

[79] Scott, J. A., Dunkelberg, W. C. Competition and Credit Market Outcomes: A Small Firm Perspective. SSRN Working Paper Series, 2001.

[80] Stein, J. Takeover Threats and Managerial Myopia. Journal of Political Economy, 1988, 96 (1): 61 - 80.

[81] 吴永亮，王恕立．增加值视角下的中国制造业服务化再测算：兼

论参与 GVC 的影响 [J]. 世界经济研究, 2018 (8): 99 - 115, 134.

[82] 彭水军, 袁凯华, 韦韬. 增加值视角下中国制造业服务化转型的事实与解释 [J]. 数量经济技术经济研究, 2017 (9): 3 - 19.

[83] 程大中, 程卓. 中国出口贸易中的服务含量分析 [J]. 统计研究, 2015 (3): 46 - 53.

[84] 戴翔. 中国制造业出口内涵服务价值演进及因素决定 [J]. 经济研究, 2016 (9): 44 - 57.

[85] 刘维林. 中国式出口的价值创造之谜: 基于全球价值链的解析 [J]. 世界经济, 2015 (3): 3 - 28.

[86] 彭水军, 李虹静. 中国生产者服务业、制造业与出口贸易关系的实证研究 [J]. 国际贸易问题, 2014 (10): 67 - 76.

[87] 周大鹏. 制造业服务化对产业转型升级的影响 [J]. 世界经济研究, 2013 (9): 17 - 22, 48.

[88] 徐振鑫, 莫长炜, 陈其林. 制造业服务化: 我国制造业升级的一个现实性选择 [J]. 经济学家, 2016 (9): 59 - 67.

[89] 刘继国, 李江帆. 国外制造业服务化问题研究综述 [J]. 经济学家, 2007 (3): 119 - 126.

[90] 高传胜. 中国生产者服务对制造业升级的支撑作用基于中国投入产出数据的实证研究 [J]. 山西财经大学学报, 2008 (1): 44 - 50.

[91] 胡昭玲, 夏秋, 孙广宇. 制造业服务化、技术创新与产业结构转型升级——基于 WIOD 跨国面板数据实证研究 [J]. 国际贸易探索, 2017 (12): 4 - 20.

[92] 张志醒, 刘东升. 生产服务化与制造业转型升级 [J]. 现代经济探讨, 2018 (1): 59 - 68.

[93] 刘斌, 魏倩, 吕越, 等. 制造业服务化与价值链升级 [J]. 经济研究, 2016 (3): 151 - 161.

[94] 王爽. 全球价值链下我国生产性服务贸易发展: 机理、特征与对策 [J]. 宏观经济研究, 2016 (10): 53 - 62.

[95] 吕越, 李小萌, 吕云龙. 全球价值链中的制造业服务化与企业全要素生产率 [J]. 南开经济研究, 2017 (3): 88 - 110.

[96] 简兆权，伍卓深．制造业服务化的路径选择研究——基于微笑曲线理论的观点［J］．科学学与科学技术管理，2011（12）：137－143.

[97] 王思语，郑乐凯．制造业出口服务化与价值链提升——基于出口复杂度的视角［J］．国际贸易问题，2018（5）：92－102.

[98] 陈秀英．制造业投入服务化对制造业价值链攀升影响的实证研究［J］．经济问题探索，2016（7）：112－118.

[99] 罗军．服务化发展与制造业全球价值链地位——影响机制与门槛效应［J］．当代财经，2018（11）：100－109.

[100] 肖挺，蒋金法．全球制造业服务化对行业绩效与全要素生产率的影响——基于国际投入产出数据的实证分析［J］．当代财经，2016（6）：86－98.

[101] 王文，孙早．制造业需求与生产性服务业效率—经济发展水平的门槛效应［J］．财贸经济，2017（7）：136－155.

[102] 戴翔．制造业服务化与价值链攀升：来自中国经验证据［J］．西安交通大学学报，2020（9）：37－52.

[103] 戴翔，李洲，张雨．服务投入来源差异、制造业务化与价值链攀升［J］．财经研究，2019（5）：30－43.

[104] 王厚双，盛新宇．中日制造业服务化水平测度及其特征比较研究［J］．现代日本经济，2020（3）：14－27.

[105] 顾乃华，夏杰长．对外贸易与制造业投入服务化的经济效应——基于2007年投入产出表的实证研究［J］．社会科学研究，2010（5）：17－21.

[106] 刘维刚，悦红福．制造业投入服务化与企业技术进步：效应及作用机制［J］．财贸经济，2018，38（8）：126－140.

[107] 刘志彪．发展现代生产者服务业与调整优化制造业结构［J］．南京大学学报（哲学人文科学·社会科学版），2006（5）：36－44.

[108] 肖宇，夏杰长，倪红福．中国制造业全球价值链攀升路径［J］．数量经济技术经济研究，2019，36（11）：40－59.

[109] 鲁钊阳，李树．农村正规与非正规金融发展对区域产业结构升级的影响［J］．财经研究，205，41（9）：53－64.

[110] 盛域，陈帅．全球价值链如何改变了贸易政策：对产业升级的影响和启示［J］．国际经济评论，2015（1）：85－97，6.

[111] 张艳，唐宜红，周默涵. 服务贸易自由化是否提高了制造业企业生产效率 [J]. 世界经济，2013，36 (13)：51 –71.

[112] 褚敏，靳涛. 为什么中国产业结构升级步履迟缓——基于地方政府行为与国有企业垄断双重影响的探究 [J]. 财贸经济，2013 (3)：112 –122.

[113] 刘继国. 制造业服务化带动新型工业化的机理与对策 [J]. 经济问题探索，2006 (6)：120 –124.

[114] 武晓青，杨明顺，高新勤，等. 服务型制造模式与运行框架研究 [J]. 工业工程与管理，2011，16 (2)：82 –86，91.

[115] 王晓萍，任志敏，张月月，等. 基于服务化战略实施的制造业价值链优化升级：价值增值的视角 [J]. 科技管理研究，2019，39 (5)：110 –115.

[116] 刘佳，代明，易顺. 先进制造业与现代服务业融合：实现机理及路径选择 [J]. 学习与实践，2014，364 (6)：23 –34.

[117] 王晓兰. 基于国际分工视角的我国制造业产业升级的研究 [D]. 南京：南京师范大学，2017.

[118] 刘继国，李江帆. 国外制造业服务化问题研究综述 [J]. 经济学家，2007 (3)：119 –126.

[119] 王玉辉，原毅军. 服务型制造带动制造业转型升级的阶段性特征及其效应 [J]. 经济学家，2016 (11)：37 –44.

[120] 梁敬东，霍景东. 制造业服务化与经济转型：机理与实证 [J]. 首都经济贸易大学学报，2017，19 (2)：65 –72.

[121] 于明远，范爱军. 生产性服务嵌入与中国制造业国际竞争力提升 [J]. 当代经济科学，2019，41 (2)：88 –96.

[122] 胡立广. 制造业服务化对产业效率的影响研究 [D]. 天津：天津商业大学，2018.

[123] 黄群慧，霍景东. 全球制造业服务化水平及其影响因素——基于国际投入产出数据的实证分析 [J]. 经济管理，2014，36 (1)：1 –11.

[124] 陈洁雄. 制造业服务化与经营绩效的实证检验——基于中美上市公司的比较 [J]. 商业经济与管理，2010 (4)：33 –41.

[125] 熊磊，文泽宙，肖俊夫. 分工视角下交易效率对农村产业融合发展的影响 [J]. 重庆大学学报（社会科学版），2021：1 – 17. Doi:

10. 11835/j. issn. /008 - 5831. jg. 2021. 11. 001

[126] 张林，温涛．财政金融服务协同与农村产业融合发展 [J]. 金融经济学研究，2019：53 - 67.

[127] 何宏庆．数字金融助推乡村产业融合发展：优势、困境与进路 [J]. 西北农林科技大学学报（社会科学版），2020，20 (03)：118 - 125.

[128] 陈一明，温涛．数字经济与乡村产业融合发展的机制创新 [J]. 农业经济问题，2021 (12)：39 - 49.

[129] 马黄龙，屈小娥．数字普惠金融对经济高质量发展的影响——基于农村人力资本和数字鸿沟视角的分析 [J]. 经济问题探索，2021 (10)：173 - 190.

[130] 冯大威，高梦桃，周利．数字普惠金融与居民创业：来自中国劳动力动态调查的证据 [J]. 金融经济学研究，2020，35 (01)：91 - 103.

[131] 王永仓．数字普惠金融影响农民收入增长的门槛效应研究 [J] 金融理论与实践，2021 (06)：94 - 109.

[132] 庄志浩．数字普惠金融发展对我国城乡收入差距影响的实证研究 [J]. 华北金融，2021 (10)：26 - 37.

[133] 周利，冯大威，易行健．数字普惠金融与城乡收入差距："数字红利" 还是 "数字鸿沟" [J]. 经济学家，2020 (05)：99 - 107.

[134] 刘魏．数字普惠金融对居民相对贫困的影响效应 [J]. 华南农业大学学报（社会科学版），2021 (06)：65 - 77.

[135] 李建军，韩珣．普惠金融、收入分配和贫困减缓——推进效率和公平的政策框架选择 [J]. 金融研究，2019 (03)：129 - 148.

[136] 滕磊，马德功．数字金融能够促进高质量发展吗？[J]. 统计研究，2020，37 (11)：80 - 92.

[137] 傅利福，厉佳妮，方霞，等．数字普惠金融促进包容性增长的机理及有效性检验 [J]. 统计研究，2021 (10)：62 - 75.

[138] 冯根福，郑明波，温军，等．究竟哪些因素决定了中国企业的技术创新——基于九大 A 股上市公司数据的再实证 [J]. 中国工业经济，2021 (01)：17 - 35.

[139] 喻平，豆俊霞．数字普惠金融发展缓解了中小企业融资约束吗

[J]. 财会月刊, 2020 (03): 140-146.

[140] 廖婧琳, 胡妍, 项后军. 数字普惠金融发展缓解了企业融资约束吗? ——基于企业社会责任的调节效应 [J]. 云南财经大学学报, 2020, 36 (09): 73-87.

[141] 黄锐, 赖晓冰, 唐松. 金融科技如何影响企业融资约束? ——动态效应、异质性特征与宏微观机制检验 [J]. 国际金融研究, 2020 (06): 25-33.

[142] 赵晓鸽, 钟世虎, 郭晓欣. 数字普惠金融发展、金融错配缓解与企业创新 [J]. 科研管理, 2021, 42 (04): 158-169.

[143] 吴庆田, 朱映晓. 数字普惠金融对企业技术创新的影响研究——阶段性机制识别与异质性分析 [J]. 工业技术经济, 2021, 40 (03): 143-151.

[144] 贾俊生, 刘玉婷. 数字金融、高管背景与企业创新——来自中小板和创业板上市公司的经验证据 [J]. 财贸研究, 2021, 32 (02): 65-76+110.

[145] 梁榜, 张建华. 数字普惠金融发展能激励创新吗? ——来自中国城市和中小企业的证据 [J]. 当代经济科学, 2019, 41 (05): 74-86.

[146] 李春涛, 闫续文, 宋敏, 等. 金融科技与企业创新——新三板上市公司的证据 [J]. 中国工业经济, 2020 (01): 81-98.

[147] 唐松, 伍旭川, 祝佳. 数字金融与企业技术创新——结构特征、机制识别与金融监管下的效应差异 [J]. 管理世界, 2020, 36 (05): 52-66+9.

[148] 张岳, 周应恒. 数字普惠金融、传统金融竞争与农村产业融合 [J]. 农业技术经济, 2021 (09): 68-82.

[149] 徐绍峰. 农村数字普惠金融是解决农民融资难的突破口 [N]. 金融时报, 2021-08-12.

[150] 陈晓芳, 杨建州. 数字普惠金融对农户家庭正规信贷获得的影响研究 [J]. 武汉金融, 2021 (10): 69-77.

[151] 冯贺霞, 王小林. 基于六次产业理论的农村产业融合发展机制研究——对新型经营主体的微观数据和案例分析 [J]. 农业经济问题, 2020

(09): 64-76.

[152] 易行健，周利. 数字普惠金融发展是否显著影响了居民消费——来自中国家庭的微观证据 [J]. 金融研究，2018 (11): 47-67.

[153] 万佳彧，周勤，肖义. 数字金融、融资约束与企业创新 [J]. 经济评论，2020 (01): 71-83.

[154] 向从武. 四川省农村产业融合发展评价及空间分异研究 [J]. 中国农业资源与区划，2021，42 (08): 226-233.

[155] 王丽英，丁姝羽，刘后平. 农村产业融合与农民收入增长——基于空间效应与门槛效应的实证研究 [J]. 浙江农业学报，2021，33 (04): 761-776.

[156] 陈洋，郑锐，等. 河南省农业科技创新效率评价与分析 [J]. 河南农业大学校报，2018 (06): 464-470.

[157] 庞金波，杨梦. 农村金融发展与农业经济增长——基于农业科技创新的中介效应 [J] 科技管理研究，2021，41 (11): 85-90.

[158] 程莉，孔芳霞. 长江上游地区农村产业融合发展水平测度及影响因素 [J]. 统计与信息论坛，2020 (01): 101-111.

[159] 韩晓玲，李宏. 云南省农业产业融合度测算及其影响因素分析 [J]. 沈阳农业大学学报，2019，21 (03): 276-281.

[160] 钱海章，陶云清，曹松威，等. 中国数字金融发展与经济增长的理论与实证 [J]. 数量经济技术经济研究，2020，37 (06): 26-46.

[161] 宗锦耀. 农村一二三产业融合发展理论与实践 [M]. 北京：中国农业出版社，2017.

[162] 祝捷，黄佩佩，蔡雪雄. 法国、日本农村产业融合发展的启示与借鉴 [J]. 亚太经济，2017 (05): 110-114.

[163] 周立，李彦岩，王彩虹，等. 乡村振兴战略中的产业融合和六次产业发展 [J]. 新疆师范大学学报 (哲学社会科学版)，2018，39 (03): 18-26.

[164] 赵霞，姜利娜. 荷兰发展现代化农业对促进中国农村一二三产业融合的启示 [J]. 世界农业，2016 (11): 21-24.

[165] 郑风田，乔慧. 农村一二三产业融合发展的机遇、挑战与方向 [J]. 中国合作经济，2016 (01): 27-31.

[166] 张玉利，郭永清．农村金融机构对农业产业化发展的支持研究——以上海地区为例 [J]．上海农业学报，2016，32 (03)：139 – 145.

[167] 张乐柱，李锦宇，于卉兰．农村金融发展与农业技术进步关系实证研究：以广东省为例 [J]．经济与管理评论，2015 (01)：110 – 116.

[168] 张兵，翁辰．农村金融发展的减贫效应——空间溢出和门槛特征 [J]．农业技术经济，2015 (09)：37 – 47.

[169] 杨文华，刘冲，杨华蔚．金融发展、技术进步与产业升级——基于 PVAR 的分析 [J]．金融与经济，2013 (02)：33 – 36.

[170] 杨晶，丁士军．农村产业融合、人力资本与农户收入差距 [J]．华南农业大学学报（社会科学版），2017 (06)：1 – 10.

[171] 王兴国．推进农村一二三产业融合发展的思路与政策研究 [J]．东岳论丛，2016，37 (02)：30 – 37.

[172] 王丽娟．产业扶贫视角下金融支持农业产业化发展研究——基于甘肃省平凉市的调查数 [J]．西部金融，2017 (10)：82 – 87，91.

[173] 王乐君，寇广增．促进农村一二三产业融合发展的若干思考 [J]．农业经济问题，2017 (06)：82 – 88.

[174] 吕岩威，刘洋．农村一二三产业融合发展：实践模式、优劣比较与政策建议 [J]．农村经济，2017 (12)：16 – 21.

[175] 吕岩威，刘洋．推动农村一二三产业融合发展的路径探究 [J]．当代经济管理，2017 (10)：38 – 43.

[176] 李芸，陈俊红，陈慈．北京市农业产业融合评价指数研究 [J]．农业现代化研究，2017，38 (02)：204 – 211.

[177] 李晓龙，冉光和．农村产业融合发展的创业效应研究——基于省际异质性的实证检验 [J]．统计与信息论坛，2019 (03)：101 – 109.

[178] 赵霞，韩一军，姜楠．农村三产融合：内涵界定、现实意义及驱动因素分析 [J]．农业经济问题，2017 (04)：49 – 57.

[179] 宗锦耀．以农产品加工业为引领推进农村一二三产业融合发展 [J]．农村工作通信，2015 (13)：19 – 22.

[180] 黄益平，黄卓．中国的数字金融发展：现在与未来 [J]．经济学（季刊），2018，17 (04)：1489 – 1502.

［181］李牧辰，封思贤．数字普惠金融与城乡收入差距——基于文献的分析［J］．当代经济管理，2020（10）：84－88．

［182］北京大学数字金融研究中心课题组．北京大学数字普惠金融指数（2015版）［S］．北京：2015．

［183］北京大学数字金融研究中心课题组．北京大学数字普惠金融指数（2019版）［S］．北京：2019．

［184］陈宝珍，任金政．数字金融与农户：普惠效果和影响机制［J］．财贸研究，2020（06）：37－47．

［185］程莉，孔芳霞．长江上游地区农村产业融合发展水平测度及影响因素［J］．统计与信息论坛，2020，35（01）：101－111．

［186］郭峰，王靖一，王芳，等．测度中国数字普惠金融发展：指数编制与空间特征［J］．经济学（季刊），2020，19（04）：1401－1418．

［187］郭峰，王瑶佩．传统金融基础、知识门槛与数字进入下乡［J］．财经研究，2020，46（01）：19－33．

［188］郭华，张洋，彭艳玲，等．数字金融发展影响农村居民消费的地区差异研究［J］．农业技术经济，2020（12）：66－80．

［189］郭军，谭思，孔祥智．农户农业保险排斥的区域差异：供给不足还是需求不足——基于北方6省12县种植业保险的调研［J］．农业技术经济，2019（02）：85－98．

［190］李晓龙，冉光和．农村产业融合发展如何影响城乡收入差距——基于农村经济增长与城镇化的双重视角农业［J］．技术经济，2019（08）：17－28．

［191］梁晓琴．数字普惠金融对地方税收影响的实证研究［J］．审计与经济研究，2020（05）：96－104．

［192］刘斐，蔡洁，李晓静，等．农村一二三产业融合的个体响应及影响因素［J］．西北农林科技大学学报（社会科学版），2019，19（04）：142－149．

［193］温涛，陈一明．数字经济与农业农村经济融合发展：实践模式、现实障碍与突破路径［J］．农业经济问题，2020（07）：118－129．

［194］肖卫东，杜志雄．农村一二三产业融合：内涵要解、发展现状与

未来思路 [J]. 西北农林科技大学学报（社会科学版），2019，19（06）：120－129.

[195] 余涛. 农村一二三产业融合发展的评价及分析 [J]. 宏观经济研究，2020（11）：76－85.

[196] 周利，冯大威，易行健. 数字普惠金融与城乡收入差距："数字红利"还是"数字鸿沟" [J]. 经济学家，2020（05）：99－108.

[197] 傅秋子，黄益平. 数字金融对农村金融需求的异质性影响：来自中国家庭金融调查与北京大学数字普惠金融指数的证据 [J]. 金融研究，2018，61（11）：68－84.

[198] 郭峰，王靖一，王芳，等. 测度中国数字普惠金融发展：指数编制与空间特征 [J]. 经济学（季刊），2020，20（04）：1401－1418.

[199] 何宗樾，张勋，万广华. 数字金融、数字鸿沟与多维贫困 [J]. 统计研究，2020，37（10）：79－89.

[200] 黄益平，黄卓. 中国的数字金融发展：现在与未来 [J]. 经济学（季刊），2018，18（04）：1489－1502.

[201] 柳士顺，凌文辁. 多重中介模型及其应用 [J]. 心理科学，2009，46（02）：433－435.

[202] 李涛，徐翔，孙硕. 普惠金融与经济增长 [J]. 金融研究，2016，59（04）：1－16.

[203] 钱海章，陶云清，曹松威，等. 中国数字金融发展与经济增长的理论与实证 [J]. 数量经济技术经济研究，2020，36（06）：26－46.

[204] 孙英杰，林春. 普惠金融发展的地区差异、收敛性及影响因素研究：基于中国省级面板数据的检验 [J]. 经济理论与经济管理，2018，38（11）：70－80.

[205] 谢绚丽，沈艳，张皓星，等. 数字金融能促进创业吗？来自中国的证据 [J]. 经济学（季刊），2018，18（04）：1557－1580.

[206] 张勋，万广华，张佳佳，等. 数字经济、普惠金融与包容性增长 [J]. 经济研究，2019，65（08）：71－86.

[207] 张勋，万广华. 中国的农村基础设施促进了包容性增长吗？[J]. 经济研究，2016，62（10）：82－96.

[208] 张勋，杨桐，汪晨，等．数字金融发展与居民消费增长：理论与中国实践 [J]. 管理世界，2020，36 (11)：48 -63.

[209] 李治，王一杰，胡志全．农村一、二、三产业融合评价体系的构建与评价——以北京市为例 [J]. 中国农业资源与区划，2019 (11)：111 -120.

[210] 李云新，戴紫芸，丁士军．农村一二三产业融合的农户增收效应研究：基于对345个农户调查的PSM分析 [J]. 华中农业大学学报 (社会科学版)，2017 (04)：37 -44，146 -147.

[211] 王丽纳，李玉山．农村一二三产业融合发展对农民收入的影响及其区域异质性分析 [J]. 改革，2019 (12)：104 -114.

[212] 薛永基，杨晨钰婧，贾廷灿．区域产业融合与农民收入协调发展及互动关系研究：基于省级面板数据的分析 [J]. 统计与信息论坛，2021 (02)：45 -55.

[213] 张龙耀，邢朝辉．中国农村数字普惠金融发展的分布动态、地区差异与收敛性研究 [J]. 数量经济技术经济研究，2021，38 (03)：23 -42.

[214] 王婧，胡国晖．中国普惠金融的发展评价及影响因素分析 [J]. 金融论坛，2013，18 (06)：31 -36.

[215] 陆凤芝，黄永兴，徐鹏．中国普惠金融的省域差异及影响因素 [J]. 金融经济学研究，2017，32 (01)：111 -120.

[216] 蒋庆正，李红，刘香甜．农村数字普惠金融发展水平测度及影响因素研究 [J]. 金融经济学研究，2019，34 (04)：123 -133.

[217] 董晓林，张晔．自然资源依赖、政府干预与数字普惠金融发展——基于中国273个地市级面板数据的实证分析 [J]. 农业技术经济，2021 (01)：117 -128.